KB133873

어느 출동형 국회의원의 의정 분투기

여의도 렉카

하태경과 크루들 지음

글통

하태경 의원은 생각이 바뀐다.

줏대가 없어서가 아니라, 누구보다 변화에 민감하기 때문이다.

젊을 때는 통일 운동을 하면서 NL의 거두였던 그가, 북한의 세습 정치와 인권 유린을 보면서 북한 인권 운동에 나섰기에 20대에 배운 대로 똑같이 사는 다른 운동권 출신 의원들과 비교하면 솔직한 것이다.

통일과 대북 문제 원툴인 줄 알았던 그가 바른미래당에서 같이 최고위원을 하면서 나이 50이 되어서 곁눈질로 젊은 세대의 문제에 관심을 두기 시작하더니 여러 사안에서 젊은 세대의 대변자가 되었다.

이제 그가 더 담대한 도전을 위해 따뜻한 부산을 떠나 수도권에서 정치하겠다는 용기있는 첫 번째 펭귄이 되었다.

'누구보다 빠르게, 남들과는 다르게' 항상 변화하고 도전하는 하태경 의원의 행보를 담은 이 소중한 책이 널리 읽히기를 기대한다.

2023년 10월

이 준 석

행동하는 렉카

직업으로서의 국회의원은 매우 특이하다. 일을 하기로 맘먹으면 무한정 할 수 있지만, 일하기 싫다는 의지가 조금만 있다면 진짜 아무 일도 안 할 수 있기 때문이다. 국회의원은 지상 최대의 오지랖을 구현할 수 있다. 세상만사에 다 개입하고 끼어들어 발언해도 무리가 없다. 반대로 게으름을 피우고 싶다면 사실상 거의 아무 일을 하지 않아도 된다. 일단 당선만 되면, 4년 후에나 선거로 평가 받기 때문에 당장은 아무도 뭐라고 할 사람이 없다.

내 별명은 한때 '여의도 렉카'였다. '렉카'는 사고 현장으로 달려와 신속하게 고장 차를 끌고 가는 레커차(견인차, wrecker)의 속어다. 인터넷상에서 이 용어는 어떤 이슈에 올라타서 말만 실컷 떠들고 정작 하는 일은 없이 사라지는 경우를 일컫는다.

하지만 렉카의 역할은 크다. 렉카가 사고차를 치우는 덕분에 도로는 걸림돌과 방해물을 걷어내고 다시 원활한 소통을 회복한다. 얼핏

4

보면 그냥 자기 몫을 챙겨 쌩~ 사라지는 것 같지만, 알고 보면 감시와 비판이라는 강한 견인력으로 소통을 가로막는 큰 걸림돌을 제거하는 것이다.

그래서 나는 '여의도 렉카'라는 별명이 국회의원으로서 명예롭다고 생각한다. 작명한 사람은 비하의 의미를 담았을지 모르지만, 국회의원이 레커차처럼 사고 현장마다 나타나 이리 뛰고 저리 뛰면서 오지랖을 넓혔다는 것은 그 자체로 '그동안 열심히 했다'는 하나의 강력한 증거이기 때문이다.

이 책은 흔해 빠진 의정 보고서처럼 어느 국회의원의 이른바 '의정 성과'를 용비어천가로 부르며 일방적으로 홍보하려고 만든 책이 아니다. 화려한 연출 사진들로 페이지를 채우지도 않았다.

정치인 혹은 공직자라는 거창한 이름 이전에 국회라는 조직의 일원이자 입법부의 한 구성원으로서 실제 나는 어떻게 일을 했는지, 어떤 마음으로 어떻게 정무(政務)를 수행하고 국민의 세금으로 월급을 받았는지, 그 과정에서 어떤 심경을 느꼈고 어떻게 실수 연발의 역사를 남겼는지 가감 없이 기록하고 싶었다.

책을 만들면서 이 작업은 어쩌면 '직업으로서의 국회의원'에 대한 성찰이 될 수도 있다고 생각했다. 정치인이라고 하면 국회에서 싸움질이나 하는 사람쯤으로 생각하는 분들께 정치의 생산 과정을 생생하게 전해 드리고 싶었다.

우리가 일상에서 접하는 뉴스와 사건들, 그 속에서 국회의원은 과연 어떤 시각으로 임하고 어떤 과정을 거쳐 뉴스를 만드는지, 사관(史官)이 기록하듯 현대판 실록(實錄)을 만들어 보고 싶다는 생각으로 책을 내게 되었다.

이 책의 저자가 '하태경과 크루들'인 이유도, 최대한 '실체적인 국회'를 기록해 보자는 취지의 일환이다. 겉보기와 달리 의정 활동은 국회의원 한 사람의 힘으로 이뤄지지 않는다. 국회의원의 활동이란 보좌진과의 팀워크 없이는 사실상 불가능하고, 성과를 내기 힘들다. '정치'는 국회 안팎의 다양한 제보자와 조력자, 그리고 각계각층 국민의 자발적 지지와 행동이 모여 이뤄지는 매우 입체적인 과정이다.

보통 국회의원은 거창한 국가적 담론이나 이야기하는 사람들로 여겨진다. 그러나 정치적 거악 척결 이전에 구체적인 삶 속에서 국회의원이 어떤 쓸모가 있는지 생각해 볼 필요가 있다. 정치는 마치 공기나 물과 같다. 평소에 의식하지 못하지만 일상에서 접하는 작은 사건들, 예상치 못했던 행복과 불행에 직간접적으로 영향을 미친다.

나는 국회 바깥을 맹렬하게 뛰어 다닌 국회의원으로 기억되고 싶다.
어쩌면 믿지 않을 수도 있지만, 경찰이나 검사나 변호사가 해결할 수 없는 일을 국회의원이 해내는 경우가 있다.
그리고 더욱 믿을 수 없겠지만, 때로는 평범한 국민에게 국회의원이 위로가 되는 경우가 있다. 이 책은 그 이야기에 관한 기록이다.

지금도 누군가 답답한 가슴을 부여잡고 의원실 문을 두드릴지 모른다.
응답하라 국회의원!
해결하라 국회의원!
그 외침 속에서 나 하태경, '여의도 렉카'는 오늘도 출동을 기다린다.

2023년 10월
가을이 내리는 한강을 바라보며

하 태 경

"안 됩니다!"는 크루의 자부심

나는 '우리 의원'이 3선 국회의원을 하기까지 상당 기간 함께했다. 이 책에 등장하는 서른한 편의 에피소드 중 한두 편을 제외한 대부분 사건들의 공범(?)이자 목격자라 할 수 있다.

언젠가는 의원실에서 겪은 수많은 사건들의 이야기보따리를 풀어내면 좋겠다고 생각했었는데, 정말 이렇게 기록으로 남길 수 있어서 기쁘고 신난다.

우리의 이야기가 책으로 나온다니 의원실의 크루들도 한동안 흥분 상태였다. 기억을 끄집어내고 옛날 메모들도 뒤적이며 불분명한 일들은 또다시 팩트 체크를 했다.

우리 의원실만의 노하우와 영업 비밀을 어디까지 공개할 것인지 수위 조절(?)까지 고민하며, 어쩌면 최고의 정치 비화를 담은 베스트셀러가 될지 모른다고 김칫국도 마셨다.

가끔 TV에 나오는 정치 드라마 속 의원실 보좌진의 모습은 실제와 상당한 차이가 있다. 솔직히 말해서 권력을 둘러싼 엄청난 암투 같은 건 별로 일어나지 않는다. 그보다는 행정 부처 공무원들에게서 자료를 얻어내기 위한 지루한 줄다리기와 머리싸움, 이슈를 만들고 민원을 해결하기 위한 열띤 토론과 팀플레이가 있다.

우리 의원실의 팀플레이에서 내 역할은 잔소리꾼이다. 물론 다른 크루들에게 하는 잔소리보다 의원에게 하는 잔소리 양이 압도적으로 많다. 이러다가 내 별명이 '안 됩니다 보좌관'이 되는 건 아닐까 스스로 의문을 품은 적도 있다. 하지만 나는 나의 잔소리와 "안 됩니다!"에 대한 자부심이 크다.

이 책을 읽다 보면 다음과 같은 장면이 머릿속에 그려질지도 모른다. 걸핏하면 "안 됩니다!"를 외치며 의원의 기를 꺾어버리는 보좌진들, 그리고 그 반대 의견을 수용하면서도 보좌진과의 논쟁에서 이길 새로운 논리를 발굴하기 위해 남 몰래 칼을 가는 의원.

이처럼 일상적으로 벌어지는 의원과 크루들 사이의 막힘없는 토론과 더 좋은 정책을 위한 열정이 독자들에게도 전달되면 좋겠다.

의원실 보좌진은 얼굴도 이름도 없이 일한다. 가끔은 얼굴 팔리고 욕먹는 일을 혼자서 다 감당하는 의원이 안쓰러울 때도 있지만 어쩌겠는가? 그게 의원의 숙명인 것을.

이 책에 등장하는 '장 비서관'은 이름 없이 일하는 우리 방 크루들을 대표해서 지은 가상의 이름이다. 실제 우리 의원실에는 장씨 성을 가진 비서관은 없으니 오해 없길 바란다.

막상 마지막 원고를 보니, 빠트린 이야깃거리들이 눈앞에 어른거린다. 만일 2권을 내게 된다면 더 많은 실수담과 더 수위 높은 국회 뒷담을 풀어놓겠노라 다짐해 본다.

이 책이 탈고를 앞둔 시점, 의원실에는 또다시 새로운 사건(?)이 발생했다. 우리 의원이 해운대 3선 국회의원이라는 기득권을 포기하고 내년에는 서울에서 출마하겠다고 발표한 것이다.

이 발표로 4년마다 갱신 절차를 거쳐야 하는 나의 밥줄도 살짝 위태로워졌다. 하지만, 우리 의원실 크루들은 이 결정이 놀랍지 않았다. 10년 가까이 곁에서 지켜본 동료로서 그의 결심이 자랑스럽다.

2023년 10월
의원의 새 도전을 응원하며

크루 대표 보좌관

C O N T E N T S

4부 편견과 궤변에 맞서다

 5부 해운대를 지켜라

 6부 실수와 오해로 돌아가는 국회

1부

PC방 대통령

군 면제가 뭘 알아!
당나라 군대 사건

2019년 1월, 새해 벽두부터 사람들의 마음을 흔든 이슈가 하나 있었다. 국방부가 병사들의 영내 핸드폰 사용을 허가하겠다는 지침을 사전 예고한 것이다.

비행기 안에서 갑자기 꼰대가 되다

뉴스가 막 전해지던 당시, 나는 한-베트남 의원 친선 행사를 위해 공항에서 출국을 준비하고 있었다. 기사를 보자마자, '군인이 군대에서 핸드폰을 마음대로 쓰다니, 이건 아니다!'라는 생각이 들었다. 문재인 정부가 또 사고 쳤구나! 라는 생각도 했다. 뭔가 페이스북에 강력하게 입장을 피력해야 할 것 같았다.

시계를 보니 아직 이른 시간이라 보좌진은 출근 전이었다. 하지만 너무 명확한 사안이라 굳이 보좌진의 의견을 물을 필요가 없어 보였다.

절대 그냥 넘어갈 일이 아니라고 판단한 나는 즉자적으로 페이스북에 글을 올렸다. 그때 마침 국방위원회[1] 소속이었기 때문에 '이 문제는 내 이슈' 라는 생각도 있었다. 나는 페이스북에 거침없이 써 내려갔다.

"군대에서 핸드폰이라니 이게 말이 되는 소리입니까? 그렇게 되면 우리 군은 당나라 군대가 됩니다!"

과감하게 이런 글을 올렸다. 문제는 그 다음부터였다. 짧은 포스팅에 대한 반응이 순식간에 불화살처럼 쏟아졌다. 해당 글에는 무려 200여 개의 댓글이 달렸는데, 대부분 청년층이 쓴 분노의 댓글이었다. (하태경 페이스북 계정 개설 이후 최다 댓글이기도 했다)

 하태핫태 하태경 ✔
2019년 1월 17일 · ✔   ···

하태) 대한민국 군대 정신무장해제 중입니다. 4월부터 병사들 휴대전화 일과 후 자유롭게 사용한답니다. 대한민국 군대, 당나라 군대됩니다. 문정부의 가장 큰 두 치적은 경제와 군대를 망치는 것이 될듯 합니다. 즉 나라를 망치는 것이죠.

저녁과 주말은 폰게임으로 날밤 샐 겁니다. 시범사용 기간에 이것이 가장 큰 부작용이었습니다. 군대 내 갖가지 사진 다 유출되고 학부모는 군부모가 되어 학교 오듯 군대 항의 방문 올겁니다.

군대는 군대 다울 즉 어느 정도의 금욕이 동반 되는 상황에서 생활해야 인내심도 길러지고 위아래 챙기는 법 배웁니다. 쉽게 다리 뻗을 때와 안 뻗을 때 구분하는 법까지 자기도 모르게 배워서 나오게 되고 그게 사회인으로써 밑거름이 되는 겁니다. 너무 편하고 밖에서와 다를게 없어지면 군은 정말 허송세월, 인생낭비가 되는 겁니다.

국방위원으로서 결사반대입니다.

---

1 국방부, 병무청, 방위사업청 등을 관할하는 국회 상임위원회. 국회에는 총 17개의 상임위원회가 있는데 300명의 국회의원에게 주어지는 일종의 '보직'이다. 의원은 상임위 관할 부처에 대한 입법, 예산 심사 등으로 행정부를 감시한다.

청년 인플루언서들의 집중 공격도 시작되었다. 한참 잘 나가던 청년 유튜버가 대놓고 나를 비난한 것을 신호탄으로, 젊은 층이 많이 모여 있는 커뮤니티와 유튜브 채널 등에 비난과 조롱, 질책이 쏟아졌다. '하태경도 결국 꼰대였다.'는 의견이 넘쳐났다. 개인 핸드폰으로도 비난 문자와 카톡 메시지가 밀어닥쳤다.

그중 가장 치명적이었던 것은, 군복무를 마치지 못한[2] 나를 조롱하는 댓글이었다.

"면제가 뭘 알겠냐!"

곧이어 정의당에서도 공격이 들어왔다. 이례적으로 국방부도 반응을 내놓았다. "군을 당나라 군대에 비유했다."라며 국회의원에 대한 비난조의 성명을 냈다. 짧은 글 하나로 사면초가에 몰린 처지가 되었다. 심지어는 함께 일하는 보좌진들조차 내 의견에 동의하지 않았다. 장 비서관은 대놓고 말했다.

"의원님, 핸드폰 사용은 그렇게 볼 문제가 아닙니다. 이건 완전 꼰대 마인드입니다!"

---

[2] 하태경 의원은 민주화 운동 시절 2회에 걸쳐 총 2년 6개월의 감옥 생활을 했는데 이로 인해 병역이 면제되었다. (편집자 주)

아빠! 우리 세대는 핸드폰이 신체 일부야

딸에게도 혼이 났다. 큰딸은 '아빠가 진짜 잘못한 거'라고 했다.

"아빠, 우리 세대는 핸드폰이 신체의 일부야. 핸드폰 쓰지 말라는 건 몸의 한 부분을 잘라내라고 한 거나 마찬가지라고!"

핸드폰 사용 문제에 대해 청년들이 이렇게까지 격한 반응을 보일 거라고는 전혀 예상하지 못했다. 보좌진은 물론 딸아이까지 격한 반응을 보이니 그제야 내가 뭔가 오판한 것 같다는 생각이 들었다.

'내가 정말 나도 모르게 꼰대가 되어 있었던 것인가?!'

부끄러움과 반성의 마음이 동시에 밀려왔다. 아무래도 청년들에게 사과해야겠다고 판단했다.

문제는 방법이었다. 처음에는 나의 오판과 성급한 견해에 대해 동영상으로 사과 콘텐츠를 만들어 보려 했다. 그때까지 베트남에 있던 나는 혼자 폰 카메라를 켜 놓고 청년들께 드리는 셀프 사과 영상을 찍어 서울로 보냈다. 그러자 서울에 있는 보좌진으로부터 곧바로 연락이 왔다.

"의원님, 이 정도 사과로는 안 됩니다. 저희들이 서울에서 만들겠습니다!"

내가 애써 만든 영상은 보좌관 단계에서 '킬' 되고, 페이스북 사과 포스팅으로 대체되었다. 서울의 보좌진들은 상황의 심각성을 더 크게 느끼고 빨리 사과 멘트를 올려야 한다고 판단한 것이다.

"의원님, 빨리 사과해야 합니다. 이 상태로 주말을 넘기면 여론은 더 공격적이 될 겁니다. 지금 발표해야 합니다."

이것이 당시 보좌진의 판단이었다. 결국 토요일 정오에 긴급하게 사과 포스팅이 올라갔다.

"군대에서 겪는 20대의 서러운 마음을 잘 몰랐습니다. 나도 꼰대였다는 걸 인정합니다. 하지만 하태경, 노력하는 꼰대가 되겠습니다. 청년들 입장에서 군복무를 살피겠습니다. 일과 후 일정 시간 핸드폰 사용에 반대하지 않습니다. 저의 실수입니다. 댓글과 문자를 주신 청년 여러분께 진심으로 고맙게 생각합니다. 하나 하나 무겁게 여기겠습니다. 지켜봐 주세요."

제2의 전향, 내 안의 꼰대를 찾다

그 다음 상황도 예상치 못한 것이었다. '당나라 군대 운운했던 며칠 전 포스팅은 완전히 내 안의 꼰대가 저지른 오판이었으며, 앞으로 병사들의 영내 휴대 전화 사용 방침에 반대하지 않을 것이다. 앞으로는 청년들의 입장에서 군복무의 어려움을 살피겠다'는 내용의 솔직한 반성문을 올리자, 비난조 일색이던 여론의 흐름에 급반전이 일어났다.

당시 청년 유튜버들을 중심으로 나에게 비난의 화살이 집중된 상태였는데 사과문 포스팅 이후 갑자기 칭찬 모드로 바뀐 것이다.

이번에는 나의 사과를 칭찬하는 댓글이 대거 붙기 시작했다. 이 때문에 또다시 페이스북은 개설 이후 최다 댓글을 기록했다. 한 유튜버는 "국회의원이 사과하는 모습을 처음 봤다."라며 어제까지 비난조였던 논조를 갑자기 칭찬으로 반전시켰다.

핸드폰 영내 허용의 효과

이 사건의 수습 과정에서 절실하게 체감했지만, 병사들에게 '전화'는 각별한 의미가 있다. 군대에서는 가족·친구들과 떨어져 있기 때문에 고립된 느낌이 있고, 이런 상황에서 전화는 외부와 연결되는 생명선 같은 존재로 다가오기도 한다.

실제로 핸드폰이 없던 시절, 가혹 행위의 하나로 '전화 금지'가 있을 정도였고, 정치권에서는 청년 정책으로 공중전화 카드 지급 공약이 제시되기도 했다.

결과적으로 핸드폰 허용 정책은 성공한 정책으로 평가 받는다. 도박, 주식 등 부작용이 없는 것은 아니지만, 병사들의 우울감 해소나 고립감 탈출에 매우 긍정적인 효과를 주는 것으로 확인되고 있다.

제2의 전향

전향이란 방향의 전환을 의미한다. 종종 변절(變節)이라는 말과 혼동하기도 하지만 양자는 큰 차이가 있다. 전향이란 추구하는 근본적인 가치가 달라지는 것이 아니다. 단지 궁극의 이상을 추구하는 관점이나 경로, 사고방식이 크게 달라졌을 때 쓰는 표현이다.

반면 변절은 사적인 이익이나 목적을 위해 그때까지의 세계관을 뒤집는 것이다.

사람은 생애 전반을 통해 여러 차례 사고방식의 변화를 거친다. 이런 '사고의 변화'가 없다면 도리어 시대에 뒤떨어진 사람이 될 수 있다. 이런 측면에서 나는 전향을 중요하게 생각한다.

나는 살면서 두 번의 전향을 선언한 바 있다.

　첫 번째 전향은 대학 시절 민주화 운동을 하고 감옥도 다녀왔던 내가 어느 시점에서부터 북한 민주화로 운동의 방향을 바꾼 것이었다.

　말 그대로 활동 방향이 180도 바뀌었다. 표면적으로는 좌파가 우파로 둔갑한 일이라고 볼 수 있었다. 이를 두고 과거의 좌파들 중에는 나를 '변절자'라고 비난하는 사람도 있었다.

　하지만 북한 민주화 운동으로의 전향은 나로서는 지극히 자연스런 변화였다. 청년 시절 내가 몸을 던졌던 학생 운동, 통일 운동 역시 그 시절에는 '사람'을 위한 운동이라는 믿음이 있었다.

　그리고 90년대 중반 이후 북한 정권의 추악한 실체가 드러난 시점에서는 거꾸로 북한의 인권과 민주화를 위해 헌신하는 것이 진정한 운동이었던 것이다.

　북한 민주화 운동으로의 전향은 새로운 정보와 자각 속에서 운동의 방법론과 대상을 바꾼 것일 뿐, 내가 어떤 개인적인 사욕을 위해 가치관을 뒤집은 것이 아니다. 이것이 나의 첫 번째 전향이었다.

　두 번째 전향은 바로 '당나라 군대 사건'에서 비롯되었다. 이 사건이 있기 전까지 나 역시 기성세대의 시각과 관점에서 벗어나지 못하는 86세대의 하나일 뿐이었다. 그런 나에게 '당나라 군대 사건'은 큰 충격이었다. 군인에게 핸드폰을 준다는 것은 기성세대의 관점에서 보기엔, 정말 상식 밖의 일이었다.

이 문제에 대한 청년 세대의 반발과 서러움과 분노를 나는 전혀 상상하지 못했다. 페이스북에 달린 댓글들을 하나하나 곱씹어 읽어 보며 그것을 절절하게 느꼈다. 무엇보다 내 생각의 한계가 너무 분명했다는 사실 자체가 충격이었고, 나름의 진솔한 사과 이후 사과를 받아주고 고마워하기까지 하는 청년들의 심리에 또 한 번 놀랐다. 스스로 "내 안의 꼰대를 발견했다."라고 선언한 이유는 이 때문이다.

동시에 이 시대의 청년들이야말로 가장 소외된 계층일 수 있다는 점에도 생각이 미쳤다. 정치권에서 '청년'에 대한 이야기를 많이 하는 것 같지만, 실제로는 청년 세대의 진정한 요구를 받아주지 못하고 있다는 사실을 새삼 깨달은 것이다.

결국 나는 이 사건을 계기로 "청년을 제일 먼저 생각하고, 청년의 미래를 먼저 돌보는 정치인이 되겠다."라는 원칙을 세웠다. 그리고 이러한 내 안의 원칙을 〈제2의 전향〉이라고 이름 붙였다.

물론 50대의 한복판에 있는 기성세대가 젊은 세대의 정서를 완전히 이해하기는 쉽지 않다. 30년가량 벌어진 물리적 시간 차이는 극복하기가 어렵다. 기성세대가 너무나 당연하다고 생각한 것도 젊은 세대에게 물어 보면 전혀 다른 관점에서 얘기하는 경우가 많다. 세대 간 이해와 소통은 절대 쉬운 일이 아니다. 사람의 생각이나 경험이란 어차피 한정되어 있기 때문에 내가 주로 접하고 만나는 주변의 울타리가 곧 나의 세계가 되게 마련이다.

그러하기에, 청년의 존재와 그들의 사고방식은 정치인에게 매우 소중하다. 우리는 항상 보이지 않는 벽을 경계해야 한다. 견고하게 보이지만 때로 턱없이 낮은 생각의 벽을 넘으면, 바로 옆에 전혀 새로운 세계가 존재함을 잊지 말아야 한다. 내가 생각하지 못했던 다른 관점과 가치관에 대해 진심으로 소통하고 받아들이며, 필요한 요구와 의지를 조정해 나가는 일이 정치의 본령이기 때문이다. 정치야말로 항상 낡은 생각에 포위됨을 경계하고, 작지만 소중한 가치를 찾아내어 대변하는 일이다.

아이돌 조문을 가다
샤이니 종현을 추모하며

2017년 12월 18일, 아이돌 그룹 '샤이니'의 멤버 '종현'이 강남의 한 오피스텔에서 스스로 생을 마감하는 안타까운 사건이 발생했다.

종현은 청소년 가요제를 통해 SM엔터테인먼트에 캐스팅 되어 3년간의 연습생 생활을 거친 후, 2008년 샤이니의 첫 앨범 〈누난 너무 예뻐〉로 데뷔한 아이돌이었다.

종현이 남긴 유서에는 "그냥 수고했다고 해 줘. 이만하면 잘했다고. 고생했다고 해 줘." 등의 문구가 있었다.

무엇이 종현을 그렇게 힘들게 했는지, 어떤 무거운 짐이 종현의 삶을 짓눌렀는지 정확히 알 수는 없었지만 경찰은 종현의 사망을 자살로 공식 결론짓고 유족과 협의 하에 부검을 하지 않았다.

문제는 이 사건이 아이돌 그룹 샤이니를 사랑하던 청소년 팬들에게 엄청난 정신적 충격을 주었다는 점이었다. 무엇보다 '베르테르 효과'에 대한 우려가 나오기 시작했다. 베르테르 효과는 대중의 선망을 받는 유명인이 자살 같은 극단적 선택을 했을 때,

일반인이 그 행동을 모방해 자신도 이를 시도하는 현상이다.

모방 자살에 대한 우려는 남의 일이 아닌 나의 문제였다. 내가 농담 삼아 '우리 집 깡패'라고 부르던 당시 중학교 2학년 딸이 너무 큰 충격을 받았던 것이다.

종현의 자살 사건 이후 딸은 자기 방에 틀어박혀 나오지도 않고 하루 종일 울다 지쳐 잠들 정도였다. 보다 못한 내가 "그만 울고 정신 차려라!"라고 하니 딸은 "친구들 중에 가출을 결심한 애들도 있다. 그 아이들도 혹시 자살할까 봐 걱정된다."라고 말했다.

실제로 이 사건은 우리 딸만의 문제는 아니었다. 여기저기서 동반자살 충동을 느끼고 가출하는 아이들이 있었다. 곰곰이 생각해 보니 예전 홍콩 배우 장국영이 자살했을 때 모방 자살이 이어졌던 일이 떠올랐다. '이게 실화가 될 수도 있겠구나!'라는 걱정이 확 밀려왔다.

아빠랑 장례식장 가자!

어떻게 하면 딸아이가 감정을 추스르는 데 도움을 줄 수 있을까? 고민 끝에 나는 딸에게 함께 종현의 '조문'을 가자고 제안했다. 딸도 아빠의 조문 제안을 흔쾌히 받아들였다.

그렇게 나는 딸과 함께 평소 이름도 모르던 아이돌의 조문을 갔다. 막상 장례식장에 도착했더니 조문을 위해 늘어선 줄이 끝도 없이 이어져 있었다. 꼬리에 꼬리를 문 조문 행렬을 바라보면서, 어른들은 전혀 모르지만 청소년들의 세계에서 아이돌에 대한 팬심이 얼마나 크고 의미 있는지 조금이나마 실감할 수 있었다.

하지만 너무나 긴 행렬 때문에 조문은 쉽지 않았다. 추운 겨울날 거의 두 시간 동안을 딸과 함께 길 위에서 기다렸음에도 불구하고 우리 차례는 끝내 오지 않았다. 국회 본회의 참석 시간에 쫓긴 나는 결국 조문을 하지 못했다. 딸에게 "아무래도 조문은 너 혼자 해야겠다."라는 말을 남기고 자리를 떴다.

그런데 딸에게는 실제 조문 여부를 떠나 추운 겨울날 아빠가 길거리에 함께 있어 주었던 시간이 도움이 된 듯했다. 그날 저녁 다시 만난 딸은 충격으로 흐트러진 마음을 많이 추스른 모습이었다.

조금이나마 홀가분해진 딸의 표정을 보며 용기를 얻은 나는 나와 비슷한 부모들이 많을 것 같다는 생각이 들었다. 그래서 페이스북에 글을 올렸다.

"저와 비슷한 청소년 딸을 둔 부모님들께 말씀드립니다. 샤이니 종현 장례식장에 자제분과 함께 가셨으면 좋겠습니다. 어제 두 시간 넘게 기다려서 조문을 하고 슬퍼하는 친구들과 함께 시간을 보내면서 이제 자기 마음속에서 샤이니 종현을 떠나보낼 수 있게 됐다고 했습니다. 저희 아이는 이제 울지 않고 잠을 잡니다."

나는 당시 당 최고위원회 자리에서도 "이 자리를 빌어 샤이니 종현의 안타까운 죽음에 깊은 애도를 표한다. 청소년들과 함께 슬픔을 나누고 싶다"라고 공개적으로 발언했다.

내가 이렇게 적극적으로 나서게 된 이유는 일부에서 아이돌의 죽음과 그에 따른 청소년들의 심각한 감정 변화를 철없는 짓 정도로 여기는 경향이 존재했기 때문이다. 청소년 조문 행렬에 대해 일부 어른들은 "자기 부모가 죽어도 저렇게 안 울 것"이라며 핀잔을 주고 지나가기도 했다.

그러나 청소년 팬덤 문화를 일종의 병리 현상처럼 바라보는 관점은 문제 해결의 걸림돌이 될 뿐이다. 부모 세대는 자식 세대를 진심으로 이해하기 위해 노력할 필요가 있다. 왜 아이들이 부모보다 아이돌을 더 따르는지, 아이돌이 왜 그들에게 큰 위안이 되는지 근본적 질문을 던져 볼 필요가 있다.

어찌 보면 아이돌 문화는 일종의 정치 현상이기도 하다. 청소년은 본능적으로 어른들과 구분되는 자신들만의 문화적 경계선을 만들고 기성세대의 그것과 구분 지으면서 스스로 문화 권력을 창조한다. 이것은 다음 세대에 새로운 문화 교체의 초석이 되고 사회적 감성 교체의 원동력이 된다.

현재의 청소년 문화를 이해하지 못하는 기성세대 역시 알고 보면 자신의 부모님 세대와 다른 문화적 유전자를 꾸준히 만들어 왔다. 아이돌에 심취한 청소년들이 겪었을 정신적 충격을 사회적 차원에서 진심으로 위로해 주는 일은 이런 맥락에서 꼭 필요한 일이었다.

그날 이후

조문을 다녀온 후, 중학생 딸은 상실감을 잘 극복해 냈다. 딸은 다음해 여름 방학에 "가족 여행을 내가 계획해 보겠다."라고 제안하더니 결국 '샤이니 성지 순례 코스'로 온 가족을 인도했다. 우리는 모두 기쁘게 종현이 좋아했던 카페, 샤이니 식당 등을 둘러보았다. 가족 여행으로 샤이니 추모 투어를 한 셈이다.

이제는 거의 성인이 되었지만, 나는 지금도 딸과 대화를 잘 나누는 편이다. 열린 부녀 관계를 만들 수 있게 된 동력은 아마도 그 당시 샤이니 문제에 대해 공감해 줬던 경험이 큰 것 같다.

샤이니 종현 장례식장에 끝없이 줄을 선 조문객들

보좌진에게 '킬' 당하다
프로듀스X101 사건

'프로듀스X101 투표 조작 사건'은 자발적인 네티즌 수사대의 힘이 얼마나 큰지 새삼 확인시켜 준 사건이었다.

군인들의 영내 핸드폰 사용 문제로 제2의 전향을 선언했던 나는, 그 무렵 항상 '청년의 마음' 즉 청심을 잘 관찰해야 한다는 생각을 하고 있었다.

그래서 종종 '눈팅족'이 되어 청년 관련 커뮤니티들을 살펴보곤 했는데, 어느 날 모 인터넷 커뮤니티에서 눈에 확 들어오는 이슈를 발견했다.

그것은 'Mnet'이 주관하는 아이돌 선발 프로그램인 〈프로듀스X101〉이 시청자 문자 투표를 조작했다는 의혹이었다. 당시 이 프로그램은 11명의 아이돌을 선출하고 방송을 종료한 상태였는데 '종방' 직후, 일부 온라인 커뮤니티를 중심으로 '투표 조작 의혹'이 제기됐다.

실제로 득표수를 확인해 보니 1위부터 20위까지 득표수에 있어 일정한 표 차이가 반복되는 모습을 보였고, 이들 숫자는 '7494'라는 기준값을 토대로 형성되는 양상을 보이고 있었다.

이과 본성으로 냄새를 맡다

학창 시절부터 수학에 관심이 많았던 나는 이 문제를 제기한 네티즌들이 올려놓은 엑셀 파일을 면밀히 검토해 보았다.[3]

한참 동안 엑셀 파일에 눈을 고정한 채 숫자들을 살펴보고 있노라니 이상한 게 느껴졌다. 엑셀 자료에 의하면 1위~20위까지 모든 참가자들의 득표 숫자가 특정 숫자의 배수(7494.5/총 득표수의 0.05퍼센트)였다. 이른바 '등차수열' 즉 특정한 갭이 정확히 정해져 있는 데이터였다.

요컨대 각 참가자들 등수에 따른 득표수가 계속해서 일정한 차이를 반복했던 것이다. 상식적으로 결과값이 사전에 프로그램화되지 않고는 이런 결과가 나올 수 없었다.

자문을 구한 몇몇 전문가들도 "이것은 순수한 데이터가 아니다. 확률적으로 불가능하다. 이렇게 나올 수가 없다."라며 의견을 모았다.

'1위부터 20위까지 득표 숫자가 모두 특정 숫자의 배수가 될 수 있을까?'

갑자기 나의 내면에 잠자고 있던 '이과 본성'이 기지개를 펴는 듯했다. 상식적으로 생각해 봐도 당연히 1등, 2등, 3등의 간격이 등차수열을 형성하면서 딱딱 맞아떨어질 리가 없었다.

---

3 하태경은 고교 시절, 부산 수학경시대회에서 1위를 했다. (편집자 주)

나는 이 지점에서 이것이 투표 조작 사건임을 직감했다. 엑셀 파일을 보면 볼수록 뭔가 작은 단서 하나가 배경에 깔린 큰 사건의 시작점이 될 것 같다는 느낌이 강하게 들었다. 만약 투표 조작이 사실이라면 이는 시청자 전부를 바보로 만든, 말 그대로 전대미문의 사건이었다.

보좌진에 '킬' 당하다

다소 흥분한 나는 보좌진을 긴급 소집했다. 당시 휴가철이라 보좌진 대부분이 휴가를 가고 일부만 의원실에 남아있었다. (장 비서관은 이때 내가 빨갛게 상기된 얼굴로 "대박! 대박!"을 중얼거리면서 회의실로 들어왔다고 기억했다)

나는 남아있던 사람들에게 왜 〈프로듀스X101〉의 투표가 조작일 수밖에 없는지 설명을 시작했다. 나름대로 수학적인 근거를 대며 한참을 차근차근 이야기한 끝에 "이 사건을 의원실 차원에서 해결하자!"라는 결론을 냈다.

하지만 "아무래도 어마어마한 사건이 터진 것 같다."라는 나의 흥분 섞인 설명에 대해 보좌진의 반응은 시큰둥했다. 특히 장 비서관은 "국회의원이 음악 방송 문제까지 개입해야 하느냐."라며 반대했다. 민간 기업은 국회가 조사해도 답변할 의무가 없기 때문에 사실 확인이 힘들며, 무엇보다 이런 이슈에 개입하는 것이 국회의원이 할 일인지 모르겠다는 지적이었다. 자칫 '국회의원이 여기저기 다 참견한다'는 비판 여론이 발생할 수도 있었다.

처음엔 너무 확신에 차서 황급하게 회의부터 소집했던 나는 김이 확 샜다. 그러나 보좌진이 저렇게 반대하는데 끝까지 밀어붙일 수도 없는 노릇이었다. 결국 회의 자리에서는 "알겠다. 접자!"라고 한발 물러났다.

그러나 시간이 갈수록 '투표 조작'에 대한 확신은 깊어졌다. 눈을 감고 있으면 엑셀 파일이 머리에 맴돌았다. 고심하지 않을 수 없었다. '상당히 중차대한 사건이 발생한 것 같은데 보좌진도 반대하는 이 이슈를 어떻게 풀어 나갈 것인가?' 아무래도 국회의원이 연예계 이슈까지 마구잡이로 개입하는 인상을 주는 것 같다는 장 비서관의 반대 논리는 일면 타당한 것 같았다. 그렇게 계속되던 궁리 끝에 돌파구를 하나 찾았다. '그래, 프레임을 바꾸자!'

이 사건을 단순히 아이돌 문제로 보면 국회의원이 엉뚱하게 연예계로 활동 영역을 넓히는 모양새가 된다. 그러나 내가 애당초 이 문제에 관심을 두게 된 근본적 동기는 '아이돌'이 아니라 청년의 관심사와 생각을 이해해 보자는 취지였다.

요즘 젊은이들은 아이돌이 꿈인 경우가 많다. 경연 프로그램을 통해 가수가 되고 연예인이 되는 꿈을 키우는 것은, 요즘 청년들에게 중요한 화두이고 핵심적인 장래 희망의 한 분야이기도 하다.

그런데 공정하게 치러져야 할 경연 대회가 만약 사전에 설계된 '투표 조작'으로 이루어진 것이었다면, 그것은 청년 취업 사기나 마찬가지였다.

꿈을 키우는 아이들이 혼신의 노력을 다해 무대에 진출했는데 사실은 이미 1, 2, 3등이 정해져 있는 게임이었다는 것은, 규칙의 공정성을 믿고 경쟁에 참여한 사람에게는 '사기'일 수밖에 없는 것이다.

이 문제를 '청년취업 문제'로 접근한다면 국회의원이 관여해도 크게 어색한 일이 아니지 않을까? 나는 바로 이 지점에서 고민의 해답을 얻었다. 대안이 정리되고 결심이 서자 페이스북에 글을 올렸다. 새벽녘에 올린 포스팅의 제목은 이랬다.

"프로듀스X101 투표 조작은 채용 비리, 취업 사기!"

이것은 연예부인가 사회부인가

다음 날 아침부터 의원실로 인터뷰 요청이 쇄도했다. 우리는 아예 정식으로 기자 회견을 열고 "투표 조작이 확실하다."라는 내용을 발표했다. 내가 제시한 논리는 이랬다.

"청소년 오디션 프로그램 투표 조작은 명백한 취업 사기이자 채용 비리다. 자신이 응원하는 아이돌을 위해 투표에 참여하고 문자를 보낸 팬들을 기만하고 큰 상처를 준 행위다."

연예계의 작은 소란으로 끝날 수 있었던 〈프로듀스X101〉 사태는 돌연 '대기업이 미성년자 취업 준비생을 상대로 벌인 취업 사기'로 발전하기 시작했다. 언론은 연예면이 아니라 사회면에 이 내용을 싣기 시작했다.

〈프로듀스X101 투표 조작 사건〉은 국회 기자 회견장에 아이돌 이슈를 소환한 매우 특이한 뉴스였다. 동시에 언론사도 혼란 아닌 혼란을 겪었다. 국회의원이 제기하는 문제는 대개 정치부 기자가 다루기 마련인데, 이번 사건은 외견상으로는 '연예부' 사건이지만, 내용상으로는 '취업 사기'를 다룬 사회부 사건이었다.

기획사나 방송사 입장에서 볼 때 아이돌 이슈는 대개 연예부 기자만 잘 상대하면 어느 정도 수습과 해결이 되는 편이다. 그래서 기획사 홍보팀들은 연예부 기자들과 좋은 관계를 유지하고 있다가 위험한 이슈가 터지면 평소의 인맥을 활용해 기사를 막는 일이 종종 있다.

그런데 〈프로듀스X101〉 사건에서는 황당한 일이 벌어졌다. 갑자기 어느 국회의원이 이 문제를 '취업 사기'로 규정하고 관련 내용을 폭로하자 연예 기획사에 사회부 기자들이 찾아오는 진풍경이 벌어졌다. 갑자기 연예부가 아닌, 사회부 기자를 상대하게 된 Mnet 측은 우리가 요청하기도 전에 자발적으로 의원실에 찾아와 상황을 해명하려 노력했다.

CJ의 공식 사과와 법안 발의

하지만 경찰 조사 결과 투표 조작은 사실로 밝혀지고 말았다. 이는 처음부터 모든 결과가 정해져 있던 완전한 조작이었다.

의원실이 기자 회견 등으로 문제를 제기했을 때만 해도 〈프로듀스X101〉 제작진은 "문자 투표 실무진과 소통하는 과정에 문제가 있었을 뿐 아이돌 지망생들의 실제 순위가 바뀐 건 없다."라고 해명했다. 이후 수사와 재판이 진행되는 과정에서도, 제작진은 계속해서 "의도적 조작은 없었다."라는 일관된 입장을 고수했다.

Mnet은 CJ ENM이 운영하는 음악 전문 방송국이었다. 우리는 CJ ENM 측에 결자해지 차원에서 '관계 직원들에 대해 회사가 직접 수사를 의뢰해 달라'고 요구했다. CJ ENM은 이 요청을 받아들였다.

결국, 〈프로듀스X101〉은 주최 측이 모든 결론을 미리 정해 놓고 진행된 짜맞추기 경연 프로그램이었음이 드러났고 PD를 포함한 사건 관계자들이 줄줄이 구속됐다.

이 사건은 매우 충격적인 사건이었다. 엔터테인먼트 사업을 이끄는 초대형 재벌 그룹이 투표 조작을 대놓고 벌였다는 사실이 밝혀진 것이다. 이 때문에 그해 CJ ENM은 대표 이사가 직접 사과하며 '피해 연습생'들을 모두 구제하고, 금전 보상도 하겠다는 입장을 밝혔다. 300억 규모의 펀드를 만들어 한류의 확산에 기여하고, 수사 결과에 따라 책임자를 엄단하겠다고 약속했다. 이런 입장은 의원실의 요구를 상당 부분 수용한 것이었다.

우리는 재발 방지를 위한 법안도 발의했다. CJ ENM 내에 '시청자 위원회'를 만들어서 방송 내용에 문제가 제기되면 자체적으로 조사하여 의혹을 해소할 수 있게 하고, 방송 제작진이 자료를 투명하게 공개하도록 제도화하는 법안이었다. 이 법은 본회의를 통과하지는 못했지만, CJ는 법안과 별개로 자발적으로 시청자 위원회를 만들어 우리가 제시한 제도적 대안을 스스로 수용하는 모습을 보였다.[4]

어떤 의제도 가리지 않는다

이 사건은 한류 역사상 가장 큰 오점을 남겼다. "국민이 PD가 되어 직접 아이돌 그룹을 선발한다."라는 취지와 달리 실상은 주최 측이 모든 결과를 사전에 정해 두고 시청자를 철저하게 들러

---

4 법안 발의 이전에도 큰 규모의 방송사는 시청자 위원회를 의무적으로 만들어야 했다. 하지만 Mnet은 공공적 성격이 떨어진다는 이유로 적용을 받지 않고 있었다. 따라서 관련 기준을 새롭게 제시하는 법안을 발의한 것이다.

리로 만들었기 때문이다.

연예부 사건이 갑자기 정치부를 넘어 사회부 사건으로까지 비화한 것은 이 사건이 품고 있던 충격적인 진실 때문이었다. 사건의 폭로와 수사 과정에서 처음에 걱정했던 대로 "국회의원이 무슨 아이돌 오디션 프로그램까지 끼어드나!"하는 반응이 있기는 했지만 미미한 수준에 그쳤던 이유도 '투표 조작'의 충격이 워낙 컸기 때문이었다.

이 사건은 국민이 진실로 알아야 하는 문제, 정말로 원하는 정보라면 정치인이 나서지 못할 영역은 없다는 소중한 교훈을 남겼다.

퇴근 이후는 새로운 시간입니다
정성하의 퇴근은 무죄

2020년 5월, 한 유명 유튜버가 작별 인사를 올렸다.

"앞으로 영상을 올리지 못하게 되었습니다. 1년 후에 뵙겠습니다."

그 유튜버는 무려 600만의 구독자를 가진 천재 기타리스트, 정성하 씨였다. 정성하 씨는 10개월 전부터 사회 복무 요원으로

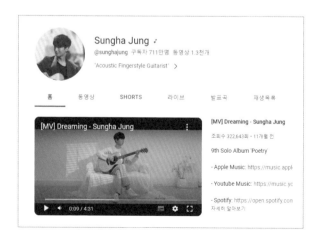

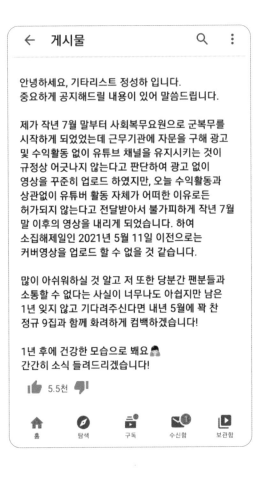

안녕하세요, 기타리스트 정성하 입니다.
중요하게 공지해드릴 내용이 있어 말씀드립니다.

제가 작년 7월 말부터 사회복무요원으로 군복무를
시작하게 되었었는데 근무기관에 자문을 구해 광고
및 수익활동 없이 유튜브 채널을 유지시키는 것이
규정상 어긋나지 않는다고 판단하여 광고 없이
영상을 꾸준히 업로드 하였지만, 오늘 수익활동과
상관없이 유튜버 활동 자체가 어떠한 이유로든
허가되지 않는다고 전달받아서 불가피하게 작년 7월
말 이후의 영상을 내리게 되었습니다. 하여
소집해제일인 2021년 5월 11일 이전으로는
커버영상을 업로드 할 수 없을 것 같습니다.

많이 아쉬워하실 것 알고 저 또한 당분간 팬분들과
소통할 수 없다는 사실이 너무나도 아쉽지만 남은
1년 잊지 않고 기다려주신다면 내년 5월에 꽉 찬
정규 9집과 함께 화려하게 컴백하겠습니다!

1년 후에 건강한 모습으로 봬요
간간히 소식 들려드리겠습니다!

👍 5.5천 👎

병역의 의무를 수행하며 퇴근 이후 시간을 활용해, 집에서 유
튜브에 '기타 연주' 영상을 꾸준히 업로드 하고 있었다.

그런데 병무청에서 갑자기 "사회복무요원은 수익 활동 여부와

관계없이 유튜버 활동 자체가 허가되지 않는다."라고 통보하는 일이 벌어졌다. 이 때문에 정성하 씨는 결국 유튜브를 중단하고, 영상 업로드 중지라는 아쉬운 소식을 팬들에게 알리게 되었다.

이것 좀 봐주세요. 이것 좀 봐주세요.

'당나라 군대 사건'으로 청년들에게 사과와 탈(脫) 꼰대 선언을 하고 보니, 청년들이 자기들 커뮤니티에서 이슈가 되는 사건들을 의원실에 직접 전달하는 경우가 많았다.

제보의 내용은 매우 다양했다. 그 시점의 주요 이슈는 물론 청년들이 생활 속에서 느끼는 어려운 점이나 애로 사항 등도 거침없이 민원이나 제보 형태로 의원실에 전달되었다. 무엇보다 청년들의 시각에서 공익적인 민원이나 제보 등을 전해 주는 경우가 많았다.

정성하 씨의 사연도 이런 차원에서 의원실에 접수가 된 사건이었다. 유튜브로 아름다운 선율의 기타연주를 감상하던 많은 청년들이 카카오톡 플러스 친구 메시지로 정성하 씨의 안타까운 사정을 전해 온 것이다. 청년들의 주장은 '스스로 수익을 차단한 영상까지 못 올리게 하는 것은 지나치다'는 것이었다.

정성하가 누구지?

사실 나는, 청년들의 민원을 접하기 전까지, 정성하 씨가 누군지 전혀 알지 못했다. 여러 건의 민원이 중복해서 올라온 뒤에야 '정성하'를 검색해 보기 시작했다. 알고 보니 정성하 씨는 유튜브 구독자가 600만 명에 달하는 세계적인 클래식 기타리스트였다. 그는 한국인 최초로 백만 구독자와 최초의 누적 조회 수 1억 회를 달성한 유튜버이기도 했다. 이 대단한 인재가 한국에서 사회 복무 요원으로 병역의 의무를 수행 중이었던 것이다.

갑자기 큰 관심이 생긴 나는 우리 애들한테도 슬쩍 물어봤다.

"너 정성하라고 알아?"
"알지!"
"어떻게 알아?"
"엄마 안식년 때 미국에서 기타 배웠잖아. 근데 그때 보니까 미국 애들이 다 정성하를 알던데!"

정성하 씨는 우리 딸의 미국인 친구들도 알 만큼 유명한 기타리스트였다. 한국보다 외국에서 더 유명한 기타리스트이다 보니 유튜브 구독자가 600만에 이르렀지만, 한국의 기성세대들은 그가 누군지 잘 몰랐던 것이다. 전 세계에 국위를 선양하고 있는 기타리스트를 한국 병무청이 법전에 명시된 딱딱한 규정을 적용해서 활동을 억압하는 상황이 벌어지고 있었다.

　문제를 해결해야겠다고 결심한 나는 정성하 씨와 일단 전화로 소통을 했다. 그리고는 곧바로 병무청에 '왜 정성하 씨의 유튜브 업로드를 금지시켰는지?' 질의를 보냈다.

　병무청이 정성하 사회 복무 요원의 유튜브 콘텐츠 게시 중지를 요구한 법적 근거는 여러 가지였다. 병무청은 병역법과 복무 관리 규정에 의해 사회 복무 요원의 유튜브 활동이 영리 활동 금지 위반이며 복무 부실을 가져온다는 입장을 전해 왔다. '군인의 지위 및 복무에 관한 기본법'상 국방부 장관의 허가 없이 겸직을 할 수 없는데, 유튜브 활동은 수익과 무관하게 겸직으로 분류된다는 의견이었다.

퇴근 이후는 새로운 시간이다

　그런데 이 사건은 일단 형평성의 문제가 있었다. 다른 공무원들의 경우, 직무 수행에 지장이 없는 한 유튜브 채널 운영을 포함해 영리 활동이 충분히 가능했기 때문이다.[5] 유독 사회 복무 요원에게만 수익성 여부를 떠나 무조건 유튜버 활동 금지가 적용되고 있었다.

　시간에 대한 인식도 문제였다. 퇴근 후와 주말은 엄밀히 말해

---

5 공무원이 운영하는 인터넷 개인방송은 2020년 기준 1,300여개에 달한다.

국가의 시간이 아니라 개인의 시간이다. 만약 그 시간을 자유롭게 쓸 수 있는 권리가 부여되지 않는다면, 그 시간대를 살고 있는 개인은 전혀 자기 성장을 위해 투자할 동기가 부여되지 않을 것이고, 조직의 일부로 규정되는 괴로움의 시간이 연장될 가능성이 높아진다.

책상 위에서 만든 규정 때문에 세계적인 인재가 자기 재능을 썩히는 것도 문제였다. 세계적인 기타리스트가 1년 넘게 자신의 연주를 원하는 청중으로부터 차단당해야 했던 것이다. (이것은 그의 연주를 무상으로 즐겼던 청중들에게는 효용의 감소를 의미한다)

정부는 기회 있을 때마다 병역의 의무를 수행 중인 청년들의 경력 단절 문제를 논하며 지원 정책을 약속해 왔다. 그런데 정작 또 한편에서는 개인이 혼자서 잘 지켜내고 있는 재능과 경력을 병무청이 단절시키려 하고 있었던 것이다.

결론적으로 정성하 씨의 유튜버 활동을 금지한 조치는 '사람'의 재능과 미래를 귀하게 여기지 않는 기계적인 행정 명령에 불과했다. 인생의 가장 아름다운 시간 중 일부를 국가에 헌납해 온 대한민국 청년에게 이것은 국가가 범하는 일종의 실례였다.

복무 규정이 개선되다

결국 병무청의 조치는 물론 복무 규정 자체도 문제가 있다고 판단해 시정을 요구했다. 병무청은 '취미와 자기 계발을 위한 영상은 영리 목적이 아니고, 복무에 지장이 없다면 복무 기관장의 확인을 거쳐 허용하도록 관련 규정을 명확히 정리하겠다'는 최종 입장을 전해왔다. 이후 병무청은 광고가 들어가지 않은 비영리 활동에 한해, 근무 시간 외 유튜브 활동을 허용하도록 복무 규정을 개선했다. 국방부 역시 보안 사항이 아닌 경우(휴가 및 외출시) 병사들이 비영리 유튜브 활동을 할 수 있도록 복무 규정을 개선했다.

이런 조치들에 따라 정성하 씨는 다시 유튜브 채널을 오픈했다. 그는 다시 유튜브를 열며 이런 메시지를 남겼다.

"약 한 달 전에 병무청 통보를 받아 유튜브 활동을 중단한다고 말씀드렸습니다. 그러나 복무 중 올린 영상들이 수익이 없었다는 것을 (병무청에) 소명했고 많은 논의를 거친 결과 해당 규정을 잘못 적용시켰다는 결론이 났습니다. 결국 비영리 목적의 유튜브 활동을 기관장 확인 하에 재개할 수 있게 되었습니다. 하태경 의원님이 불합리한 규정을 바꿀 수 있게 결정적으로 큰 도움을 주셨습니다. 많은 팬들이 건의해 주신 덕분에 잘 해결될 수 있었습니다."

정성하 씨 퇴근 사건은 '당나라 군대 사건' 이후 지속적으로 청년층 이슈에 귀를 기울이다가 인지하게 된 사건이었다. 특히 군복무 의무가 있는 20대 청년들의 애로를 세심하게 들여다보겠다는 약속을 지킨 결과였다. 이 과정에서 '정치가 나의 문제에 관심을 가져준다.'는 믿음을 청년들에게 주고 싶었다. 청년들에게 '정치의 효능감'을 심어줄 수 있다는 희망을 보고 싶었던 것이다.

결과적으로 정성하 씨의 메시지를 읽으며 의원실 보좌진 모두가 함께 작은 보람을 느꼈다. '우리가 뭔가 청년들에게 도움이 될 수 있구나'라고.

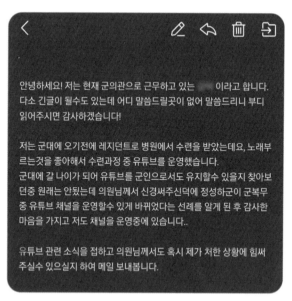

안녕하세요! 저는 현재 군의관으로 근무하고 있는 ██ 이라고 합니다. 다소 긴글이 될수도 있는데 어디 말씀드릴곳이 없어 말씀드리니 부디 읽어주시면 감사하겠습니다!

저는 군대에 오기전에 레지던트로 병원에서 수련을 받았는데요, 노래부르는것을 좋아해서 수련과정 중 유튜브를 운영했습니다.
군대에 갈 나이가 되어 유튜브를 군인으로서도 유지할수 있을지 찾아보던중 원래는 안됐는데 의원님께서 신경써주신덕에 정성하군이 군복무 중 유튜브 채널을 운영할수 있게 바뀌었다는 선례를 알게 된 후 감사한 마음을 가지고 저도 채널을 운영중에 있습니다..

유튜브 관련 소식을 접하고 의원님께서도 혹시 제가 처한 상황에 힘써주실수 있으실지 하여 메일 보내봅니다.

정성하 씨의 유튜브 활동이 허용되자, 한 군의관이 자신도 덕분에 유튜브 활동을 계속할 수 있게 되었다며 감사 메일을 보내왔다.

청년에게 마이크를!
인천 국제공항 공사 사태

21대 국회가 시작되고 더욱 본격적으로 청심을 탐구할 방안을 고민하던 무렵, 청년들의 가슴에 큰 상실감을 안긴 사건이 하나 터진다. 이른바 '인국공(인천 국제공항 공사)사태'다.

인국공 사태는 인천 국제공항 공사가 협력업체 보안 검색 요원 등 비정규직 2,100여 명을 어느 날 갑자기 '정규직'으로 채용한다고 발표하면서 발생한 사건이다.

인천 국제공항 공사는 고액 연봉과 고용 안정성 덕분에 취업 준비생 사이에서 인기가 높은 직장이다. 2020년 공기업 신입 사원 연봉 순위 1위, 2020년 가장 일하고 싶은 공기업 순위 1위에 오를 만큼 인기 있는 직장이었고 그 만큼 치열한 경쟁을 뚫어야 입사할 수 있는 곳이었다.

그런데 이런 기업에서 정부의 '공공부문 비정규직 제로(0)' 정책에 입각해 2,100여 명의 협력 업체 직원들을 어느 날 갑자기 인국공 정규직으로 전환해 준 것이었다.

얼핏 생각하기에는 비정규직을 정규직으로 만들어 줬으니 좋은 일 아닌가? 하는 생각이 들 수 있지만, 인천 국제공항 공사에 취직하기 위해 오랜 시간을 준비하고 있는 취준생들에게는 이 상황이 전혀 다른 의미로 다가갔다.

미친 듯이 준비해도 겨우 입사를 할 수 있을지 없을지 알 수 없는 직장인데, 누군가는 갑자기 정규직이 되었다는 점에서 정작 해당 기업에 취직 준비를 열심히 해오던 청년들은 오히려 상실감을 느낀 것이었다.

평등이라는 착각

이 때문에 정부의 의도와는 달리 인국공 사태는 전혀 엉뚱한 방향으로 흘렀다. 그동안 '취업 기회는 공정하다'는 믿음을 가지고 최선을 다해 온 공기업 취업 준비생들의 울분 섞인 비난이 빗발쳤다. 인국공 사태는 '기회의 평등'에 대한 믿음을 무너뜨리고, 기회부터 차단당한 일로 받아들여졌다.

많은 취업 준비생들이 학점뿐만 아니라 스펙 마련에 엄청난 시간과 노력과 돈을 투자하는 상황에서 국가 권력이 특정 공기업을 대상으로 행한 '자의적 정규직화'는 경쟁 공간에서 열심히 뛰고 있는 청년들의 노력을 무시하는 거대한 불공정이었던 것이다.

나는 정치권 인사로서는 처음으로 문재인 정부의 비정규직 정규직화 정책이 '로또 취업'이며 '사다리 걷어차기'라고 규정하고 즉각 철회를 요구했다. 나중에는 '로또 취업 방지법'도 발의했다. 취업 경쟁에서의 공정성 훼손을 막기 위해 공기업, 공공 기관들도 신입, 경력 직원 채용 시 국가 공무원과 동일한 수준의 공정성을 보장하도록 규정하는 법안이다.

부러진 펜 운동

인국공 사태를 보고 허탈감을 느낀 취준생들은 불공정을 느끼고 행동하기 시작했다. 청와대 청원 게시판에는 "정직원보다 많은 수의 비정규직이 갑자기 정규직으로 전환된다니, 노력하는 이들의 자리를 뺏어서 나눠주는 게 평등입니까?"라는 글이 올라왔다. 이 청원은 하루만에 7만여 명이 동의했다.

이때 공기업 취준생들을 중심으로 〈부러진 펜 운동〉이 벌어지기도 했다. 부러진 펜 운동은 더 이상 취업 공부를 하지 않겠다는 의지로 온라인 공간에 연필을 부러뜨린 사진을 올리고 '인국공 사태'라는 해시 태그를 달아서 SNS 등에 유포하는 자발적 운동이었다. '공부하면 뭐 하나! 계약직 하다가 로또 취업하면 정규직 되는데!' 라는 불만의 표시였다.

당시 논란은 이뿐만이 아니었다. 2,100여 명 중에 문재인 대통령의 인국공 방문일 이전 입사자만 정규직 전환 대상에 해당된다는 기준 또한 논란이 되었다. 이 때문에 "북한 김정은이 현장 방문해서 포옹하거나 악수한 사람은 특별대우를 받는다던데 우리도 그러는 거냐?"라는 냉소적 반응도 터져 나왔다.

북한이 먼저 반응하다

그런데 그 무렵 나는 미래통합당[6]의 원내외 인사들과 〈요즘것들연구소〉[7](요연)를 출범시키려고 준비 중이었다. 〈요즘것들연구소〉는 한국의 보수 정당이 낡은 정당, 꼰대 정당의 오명을 던져버리고 청년 정당, 미래 정당으로 발돋움하려면 청년의 마음을 얻는 것이 꼭 필요하다는 믿음으로 젊은이들과 호흡하는 보수 정당을 만들기 위해 조직된 청년 문제 연구소였다.

그런데 〈요즘것들연구소〉가 출범을 공식화하자, 북한의 선전 매체인 〈우리민족끼리〉에서 황당한 논평을 냈다.

"미래통합당이 청년들을 끌어 당겨 보려고 희귀한 놀음을 하고

---

6 미래통합당은 자유한국당, 새로운보수당, 전진4.0 등이 2020 총선을 앞두고 합당한 보수연합정당을 말한다. 2020년 9월 2일 국민의힘으로 당명이 변경된다.
7 2020년 6월. 하태경, 허은아, 이준석, 이성권, 박민식, 김재섭, 김웅 등 당시 미래통합당 원내외 인사 10여 명이 주축이 되어 결성한 연구소다. 하태경 의원이 이른바 〈제2의 전향〉을 선언한 이후, 보수정당의 본진에 청년의 에너지를 확산시키겠다는 야심찬 목적을 갖고 출범했다. (편집자 주)

있다. '것'이라는 표현을 청년들에게 붙이는 천박하고 무례한 지적 능력에 기가 막힌다."

주체109 (2020)년 7월 6일 《통일신보》
단평

《요즘것들》

남조선의 《미래통합당》이 청년문제를 해결한다면서 그 무슨 《요즘것들 연구소》라는것을 내왔다고 한다. 《낡은 정당, 꼰대정당의 오명을 던져버리고 청년정당, 미래정당》으로 되기 위해서라고 한다.

한편 청년들에게 정치참가기회를 제공해야 한다고 하면서 《공직선거법》 개정안을 발의한다. 유럽식을 모방한 《한국형영유니온 (청년조직) 준비위 원회》를 내오다 하면서 청년들에게 추파를 던지기도 한다.

당명칭에 《미래》를 붙이기는 했으나 미래는 없고 과거에로만 뒤걸음치는 보수정당이 청년들을 끌어당겨보려고 또 희귀한 놀음을 벌리고 있는것 이다.

그런데 명칭이 《요즘것들 연구소》라니?

물건, 현상, 상태 등을 추상적으로 대상화하여 나타내는 《것》이라는 표현을 사람에게, 더우기 남조선청년들을 《요즘것들》이라고 칭하는 천박하고 무례하고 몰상식한 《미래통합당》의 지적능력에 기가 막힐뿐이다.

하기는 저들의 비위에 맞지 않는 사람들에게 별의별 막말을 마구 들씌우는 《미래통합당》의 천박한 성질을 모르는바가 아니다.

살인마는 《영웅》으로 떠받들면서도 《5. 18유공자는 종북좌파가 만든 괴물집단》이라고 뇌까리였고 《세월》호 유가족들을 보고 《징글징글하 다.》, 《좌파, 빨갱이들에게 세뇌당했다.》고 떠벌인것도, 남조선인민들을 설치류인 《레밍》에 비유한것도 먼 옛일이 아니지 않는가.

얼마전에도 《미래통합당》은 당의 정강, 정책에 5.18광주인민봉기를 반영하는 문제를 끝내 보류했다고 한다.

5.18광주인민봉기를 비롯하여 남조선의 민주화투쟁에는 모두 청년들이 앞장섰다.

열혈의 청년들이 흘린 피와 땀을 모독하고 그들의 투쟁을 총칼로 진압한 보수패당이 백배사죄해도 모자랄판에 《청년친화정당》의 냄새를 피우 느라 설치는것도 모자라 또다시 《요즘것들》이라고 우롱하고 모독하고 있는것이다.

남조선의 청년층에서 《요즘것들》과 《소통》하고 《요즘것들》을 끌어당겨보려는 《미래통합당》에 머리를 들이민다면 정말 《요즘것들》이 될 것이라는 경계의 목소리가 울려나오는것도 우연한것이 아니다.

사람을 물건짝 취급하는 인간성이 결여된 《미래통합당》, 바로 그것들때문에 남조선사회가 점점 더 어지러워지고 미래가 암담해지는것이다.

본사기자 김정혁

요연의 재기발랄한 네이밍을 트집 잡아서 "사람을 어떻게 물건 취급할 수 있냐?"라는 황당한 비난을 제기한 것이다.

한국 언론에서도 제대로 다뤄주지 않는 보수 정당의 작은 연구 모임에 대해 북한의 선전기구가 '논평'까지 낸다는 사실이 우선 놀라웠다. 북한이 우리의 일거수일투족에 매우 관심이 많다는 생각이 들었다.

(북한의 논평은 표면적으로는 맥락도 엉성하고 조잡했지만, 방향에 있어서는 핵심을 정확히 찌르고 있었다. 한국의 보수 정당이 청년 세대의 지지를 획득하면, 대한민국 정치의 흐름이 크게 달라진다. 이를 조기 차단하겠다는 전략적 판단이 깔려 있었던 것이다)

처음엔 그냥 웃고 넘어가려 했지만 북측의 어이없는 논평을 역으로 활용하자는 아이디어가 나왔다. 우리는 고민 끝에 북측의 비난 논평이 '허위 사실'을 담고 있다며 〈정정 보도〉를 요구하기로 했다. 우리의 주장은 이랬다.

"〈요즘것들연구소〉의 연구 대상은 요즘 사람들만으로 한정하지 않으며 요즘 사람들이 좋아하는 물건, 취미, 사상, 행동 양식까지 그야말로 총망라된 요즘 것들이다. 이를 모임의 발기 취지문에서 분명히 밝히고 있다. 우리가 청년을 '사물' 취급했다는 것은 허위 사실이다."

우리는 이런 논리를 정리해서 실제로 북한에 정정 보도를 요구하는 공문을 보냈다. 남북 교류 협력법 상의 절차를 갖춰 〈2020년 7월 6일자 기사 '요즘것들'에 대한 정정 보도 요구의 건〉이라는 제목의 공문을 만들어 북한 측에 보낸 것이다.[8]

물론 이런 행위는 실제로 북한으로부터 사과나 시정 조치를 받아내기 위한 것은 아니었다. 북한의 비난을 역으로 이용해 우리가 〈요즘것들연구소〉를 출범시키고, 청심을 대변하기 위해 노력하고 있음을 홍보하기 위한 일종의 정치적 퍼포먼스였다.

〈요즘것들연구소〉와 인국공 성토대회

인국공 사태가 터진 것은 공교롭게도 '요즘것들연구소'의 출범을 막 준비하고 있던 때였다. 인국공 사태는 우리 시대의 '청년 불공정'을 상징하는 사건이 되어 있었기 때문에 자연스럽게 〈요즘것들연구소〉 발족식과 함께 인국공에 대한 '성토대회'를 갖자는 의견이 나왔다. 인국공 사태로 뿔난 젊은이들한테 직접 마이크를 주자는 아이디어였다.

2020년 6월 29일. 국회에서 〈요즘것들연구소〉 주최로 '인국공 사태 성토대회'가 열렸다. 이 자리에는 〈부러진 펜〉 운동의 제안자를 비롯해 공기업을 준비하는 대학생, 일반 기업 취업 준

8 최종 전달은 중국에 있는 북한 대사관에 e메일을 접수시키는 방법을 취했다.

비생 등 다수의 청년들이 참석해 자유 발언을 쏟아냈다. 왜 분노하고 고통 받았는지 속 시원히 말하고 싶은 사람이 자유롭게 얘기하는 방식이었다.

아무래도 공기업 취직을 준비하는 사람들이다 보니 얼굴이 공개 되었을 때 혹시나 불이익을 당하지 않을까 걱정하지 않도록, 원하는 청년들에겐 '가림막'을 설치해주기도 했다. 그 자리에서 한 취업 준비생은 이런 말을 남겼다.

"2019년 크리스마스이브에 가장 가고 싶었던 인천 국제공항

공사(인국공) 최종 면접 불합격 발표를 보고 공원 가서 펑펑 울었던 기억이 납니다. 올해 다시 인국공 준비를 하는데, 허무한 소식을 들으니 힘이 빠집니다."

우리 아들 휴가 차별 성토대회

청년들에게 무대와 마이크를 내주고 하고 싶은 목소리를 마음 껏 발산토록 기회를 제공한 〈인국공 성토대회〉는 대성공이었다. 〈요즘것들연구소〉는 이 성공에 힘입어 추미애 장관 아들 특혜 사건 때도 성토대회를 이어나갔다.

2019년 추미애 법무부 장관 인사 청문회 당시 군 복무 중인 아들의 '휴가 특혜' 논란이 발생했다. 추미애 장관의 아들이 카투사로 복무하던 2017년 6월, 20여 일간 부대 복귀 없이 연속으로 휴가를 썼는데 그 과정에서 추 장관의 전 보좌관 등이 휴가 연장에 개입한 것 아니냐는 의혹을 받은 것이다.

청문회에서 짤막한 문제 제기로 끝날 것 같았던 이 사건은 2020년 9월, 당시에 추미애 장관 아들의 선임이던 당직 사병의 폭로로 다시 재점화된다. 당시 당직 사병이던 현 모씨는 추미애 장관의 아들이 승인 없이 부대에 복귀하지 않았다고 공개적으로 밝혔다.

(여기에 민주당의 박 모 의원이 추 장관 아들을 안중근 의사에 비유했다가 공개 사과를 하는 사건이 있었다. 이 때문에 청년 여론은 더욱 악화되었다)

추 장관 아들 사건은 복무 중인 청년들 뿐 아니라 군 복무 시절 휴가 한 번 가기가 얼마나 힘들었는지 절절히 경험한 모든 예비역들과 아들이 휴가 나오기만을 오매불망 기다리는 부모들의 심정을 동시에 건드린 사건이었다. 이 때문에 청심이 다시 한 번 들끓었다.

〈우리 아들 휴가 차별 성토대회〉 자리에는 김웅 의원, 김병욱 의원, 허은아 의원, 황보승희 의원 등이 참석하여 청년들의 불공정 제보 사연을 대신 낭독해 주기도 했다.

"수도 병원에서 수술 받은 케이스가 아니면 병가 연장 어렵다고 통보 받았어요. 결국 아버지 임종을 못 지켜... 그때는 당연한 줄 알았는데 이제 보니 나는 불효자." - (예비역 병장 이OO)

청년 정치의 산실이 되다

〈요즘것들연구소〉는 '인국공 성토대회'와 '우리 아들 휴가 차별 성토대회'의 성과를 계속 이어가고 싶었다. 그래서 2021년 오세훈 후보의 서울 시장 재보궐 선거 당시, 이준석 등 요연 주도 인사들을 중심으로 아예 청년 유세차를 배치하자는 의견이 나왔다. 청년의 목소리로 우리 사회를 향해 하고 싶은 얘기를 맘대로 쏟아 내라는 취지였다.

선거 공간에서 마이크를 무작정 청년에게 맡기는 일은 다소 위험한 일이다. 우리가 섭외한 연사가 아니라서 어떤 정치적 메시지가 나올지 알 수 없고 그 발언에 대한 책임을 질 수도 없기 때문이다.

하지만, 당시 유세차에 올라온 청년들은 우리의 모든 근심과 우려를 깔끔하게 불식시켰다. 그 무렵 청년 연사로 떠오른 사람 중에는 너무 연설을 잘해서 유튜브 조회수가 수십만 회에 달하는 경우도 있을 만큼 큰 화젯거리를 낳기도 했다.

이 과정에서 트레이닝을 거친 인사들 중에 참신한 청년 정치인들이 대거 발굴되었다. 당시 연사 중 한 사람이던 양준우는 '나는 국대다'[9]에 참가해 치열한 경쟁을 뚫고 당 부대변인에 발탁되기도 했다.

이런 분위기는 보수 정당 내부에 그야말로 실력 중심의 공정 경쟁이 존재함을 확인해 주는 효과가 있었다. 청년 정치 지망생들 중에는 특정 권력자와의 친분이나 인연을 내세워 의전만 열심히 따라다니다가 정치에 입문하는 경우가 있다.

하지만 직접 거리에서 마이크를 잡고 대중을 설득하는 능력을 보여준 청년들은 분명한 자기 실력으로 '혜성같이 나타나서' 정치에 도전했던 것이다.

이 모습을 보며 나는 뿌듯함을 느꼈다. 북한 선전매체 〈우리민족끼리〉가 진실로 걱정했던 일, '보수'가 청년의 마음을 얻는 바로 그 사태가 조금씩 현실이 되는 듯 보였기 때문이다.

---

9 국민의힘에서 사상초유의 30대 당대표(이준석)를 선출한 이후, 2021년에 추진한 '대변인 선발 토론 배틀'의 명칭. ('나는 국민의힘 대변인이다'의 약칭) 총 564명이 지원했으며, 영상 심사와 면접을 거쳐 살아남은 8인이 TV로 생중계되는 토론 전쟁을 벌였다. 최종 1, 2위는 당 대변인, 3, 4위는 당 상근부대변인으로 내정되었다.

하태경, PC방 대통령이 되다
카나비 구출 작전

〈프로듀스X101〉 사태 이후, '하태경' 이름으로 개설된 카카오톡 플러스친구 계정에는 10대, 20대 친구들이 압도적으로 많아졌다. 카카오톡을 보고 있으면 기분상으로는 마치 10대에게 포위된 듯한 느낌이 들 정도였다. 심지어 무슨 논란만 생기면 "하태경한테 제보하자!"라는 글이 수시로 올라왔다.

'하태경 제보'를 검색하면 청년들이 관심 있어 하는 주제를 가장 쉽고 빠르게 파악할 수 있을 정도였다. 그러다 보니 자연히 그들의 이슈에 더 큰 관심을 가질 수밖에 없었다.

그런데 그중에 뭔가 비슷한 내용이 반복 접수되는 게임계 이슈가 하나 있었다. 10대 친구들 여러 명이 "이 사람 문제 좀 해결해 주세요."라는 요청을 중복해서 제기했다. 동시에 비슷한 제보가 겹치기로 들어오면 의원실 입장에서는 더 큰 주의를 기울일 수밖에 없다. 50살이 한참 넘은 국회의원이 10대들의 세상에서 한참 뜨거웠던 게임 이슈에 참전하게 된 〈카나비 구출 작전〉은 그렇게 시작되었다.

롤이 뭐길래?

〈카나비 구출 작전〉을 이해하려면 우선 10대들의 게임 용어를 기본적으로 이해하고 넘어가야 한다.

10대들이 많이 하는 〈League of Legends〉라는 게임이 있다. 줄여서 롤(LoL)이라고도 한다. 롤은 미국에서 개발된 게임으로, 우리나라에서는 2012년 정식 출시됐다. 다섯 명씩 짝을 이룬 두 팀이 서로 싸우는데 게이머들이 직접 다양한 능력의 캐릭터를 선택해 상대방 진영을 초토화해야 끝난다.

롤은 프로 대회도 있다. 한국은 '리그오브레전드챔피언스코리아(LCK)', 중국은 '리그오브레전드프로리그(LCL)', 미국은 '리그오브레전드챔피언십시리즈(LCS)'를 운영하고 있다. 각 나라 챔피언들이 또 한번 경쟁을 하는 '리그오브레전드월드챔피언십' 이른바 롤드컵으로 불리는 대회도 있다. 인기가 어마어마해서 2020년 결승전 시청자 수는 1억 6천만 명을 넘었다고 한다. 이것이 바로 e스포츠의 위력이다.

기성세대에게 프로 야구, 프로 축구, 프로 농구 같은 종목들은 매우 익숙하다. 하지만, e스포츠는 잘 모르는 경우가 많다. e스포츠는 야구장도 축구장도 없다. PC방을 주 무대로 삼기 때문이다. 그러나 스포츠의 원리는 똑같이 적용된다. 실공간이 아니라 가상공간에서 모니터로 경쟁하는 차이가 있을 뿐이다.

서진혁 선수는 바로 이 PC방을 주름잡는 롤 대회 초특급 유망주로 명성이 높았다. 카나비(Kanavi)는 바로 서 선수의 활동명이었다.

그런데 아직 미성년자이던 서 선수가 소속팀으로부터 부당한 강요를 받고 불리한 조건으로 사실상 노예 계약을 맺었다는 폭로가 다름 아닌 선수의 감독에게서 터져 나왔다.

계약의 부당성

반복되는 제보를 받고 조사를 해 보니, 카나비 선수의 소속 팀이 카나비를 징동게이밍(JDG)이라는 중국의 롤 게임단으로 이적 시키려 하는데 소속팀이 받는 이적료는 10억인데 반해 선수 연봉은 2억, 계약 기간은 5년이나 되었다. 소속팀이 법리를 잘 모르는 미성년자 선수를 속여 거액의 이적료만 챙기고 노예 계약으로 팔아버리려는 게 아니냐는 의심이 강하게 들었다.

선수 생명이 짧은 e스포츠 업계 특성상 선수들은 장기 계약을 선호하지 않는다. 실력이 출중한 선수가 장기 계약을 맺는다는 것은 엄청난 연봉을 받고 자신의 미래를 게임단에 맡겼을 때나 가능하다. 그런데 이제 막 빛을 보기 시작한 초특급 유망주가 싼 값에 장기 계약을 맺는 상황은 누가 봐도 이상했다.

이 때문에 게이머들 사이에서 카나비 선수가 말도 안 되는 가격에 외국으로 팔려 간다는 소문이 돌았고, 의원실까지 도움을 요청하는 10대들의 민원이 접수된 것이다.

카나비 선수의 매니지먼트 계약서를 입수해 살펴보니 실제로 문제가 많았다. 게임단 측은 선수 동의 없이 계약을 마음대로 변경할 수 있는 권한이 있었다. 실력 평가의 명확한 기준 없이, 게임단의 주관적인 판단만으로 선수를 방출할 수도 있었다. 회사의 눈 밖에 나면 연봉의 2.5배를 물어내고, 받은 돈 전부를 토해 내야 하는 조항도 있었다. 한마디로 소속팀의 부당한 조치가 있더라도 노예처럼 끌려 다녀야 하는 상황이었다.

정상적인 선수 계약으로 볼 수 없었다. 이전에 큰 논란이 됐던 '연예인 노예 계약' 사건과 다를 바 없는 불공정 계약이라고 판단했다.

진실을 밝히는 노하우

다음 문제는 이 사태를 어떤 과정을 통해 어떻게 풀어 갈 것인가였다. 국회에서 다양한 민원을 해결하다 보니 이해 관계자나 기득권 집단이 어떻게 진실에 저항하는지 대략의 패턴을 알게 되었다.

그 때문에 상대방의 대응을 미리 계산에 두고 전체적인 해결의 방향까지 잡아 놓은 상태로 여론전을 벌이는 노하우를 터득하게 되었는데 바로 이 사건이 이런 경우였다.

우리가 카나비 선수에 대한 부당 계약 문제를 제기할 경우, 게임단 측은 분명히 상황을 부인하려 할 것이 명확해 보였다. 무엇보다 우리가 이미 입수한 불공정 계약서에 큰 문제가 없다며 우길 가능성이 컸다.

향후의 사태 흐름에 대한 예상을 전제로 우리는 일단 사건의 핵심인 '계약서 문제'를 놓아둔 채, '도장 문제'를 먼저 제기하기로 계획을 세웠다.

프로게이머가 되려면 두 번의 계약을 해야 한다. 하나는 게임단과 맺는 프로 계약(매니지먼트 계약이라고도 한다)이고, 하나는 선수의 입장을 대변해 주는 에이전시와의 계약이다.

그런데 자세히 보니 카나비 선수의 프로 계약서 도장과 에이전시 계약서 도장이 비슷했다. 카나비와 부모님에게 확인해 보니 심지어는 에이전시와 계약이 되어 있다는 사실조차 모르고 있었다.

게다가 에이전시를 맡은 법무 법인은 카나비의 소속 구단에 자문을 제공하고 있다는 사실이 보도를 통해 알려진 상태였다. 이 같은 계약이 사실이라면 하나의 법무 법인이 회사와 선수 양쪽을 모두 대변하고 있는 것인데, 이는 법에서 금지한 '쌍방 대리'였다. 비유하자면 회사를 대변하는 변호사가 노동조합도 동시에 대변하고 있는 셈이었다.

당시 카나비는 계약상 선수의 모든 권한을 게임단 측에 위임했기 때문에 게임단은 마음만 먹으면 카나비를 아무렇게나 할 수 있는 막강한 권한이 있었다. 게임단은 이 권한을 마음대로 써먹기 위해 카나비를 속일 가짜 도장을 만들고, 가짜 에이전시 계약을 맺은 것은 아닌지 의심이 들었다.

도장으로 주의를 끌고 계약서로 결정타를 날리다

의원실이 '도장 의혹'을 제기하자 회사 측은 "가짜 도장이 아니다. 계약서는 정당하다."라는 반박을 즉각 언론에 제출했다. 예상대로였다.

우리는 회사 측 반박에 개의치 않았다. 왜냐하면 그날 저녁, 국민일보가 '불공정 계약서'의 원문 공개를 준비해 놓고 있었기 때문이었다. 계약서의 내용은 앞서 언급한 사실상 노예 계약에 가까운 불공정한 내용이었는데 그 문서에 해당 도장이 찍혀 있었다.

주요 언론에는 거의 보도되지 않았지만, 카나비 사건은 당시 10대들에겐 완전 빅이슈였다. 그들에게 하태경과 게임단 사이의 공방전은 한마디로 초미의 관심사였다.

양측의 움직임을 세밀하게 관찰하고 있던 10대들이 보기에는 하태경이 가짜 도장 이야기로 주목을 끈 뒤, 게임단 측이 반박하기를 기다렸다가 저녁에 곧바로 해당 도장이 찍힌 노예 계약서를 공개해서 '이거 우리 도장 아니'라는 발뺌을 못 하도록 미리 막아 버린 상황으로 보였다. 10대 커뮤니티에서는 '하태경의 역전 플레이', '하태경의 완승' 같은 댓글들이 쏟아져 나왔다.

의정 활동 역사상 가장 어려웠던 보도자료

한 가지 웃지 못 할 일은 이 사안이 10대들의 게임에 관한 일이다 보니, 난생 처음 듣는 말이 너무 많았다는 사실이다. 나는 물론이고 30대 비서관조차 알아보기 힘든 게임 용어들이 계속 나왔다.

의원실에 제보해 준 청소년들과의 소통도 힘들었다. 카나비 이슈를 그 세계의 용어로 설명했기 때문에 우리는 분명히 한국말인 그들의 언어를 제대로 알아듣지 못했다.

이를테면 '쏠랭'이란 용어가 있다. 솔로 랭크(Solo Rank)의 줄임말로 1~2인이 즐기는 게임을 말한다. 그런데 우리는 이것을 '혼자서 홀랑 처리해 버렸다'라고 잘못 이해했다. 그래서 '카나비가 쏠랭을 했다'라는 제보 내용을 두고 뭔가 다른 행위를 저질렀다고 잘못 이해하기도 했다.

더 큰 문제는 보도 자료였다. 우리도 이해하기 어려운데 기자들이 해독할 수 있는 수준으로 더 쉽게 풀어 써야 했다. '리그 오브 레전드'[10]로 시작하는 첫 문장부터 막혔다.

"왜 리그 오브 '레전드'야? 리그 오브 '레전즈', 복수형으로 읽어야 하는 거 아냐?"

첫 단어부터 어려웠던 나는 겨우 10대들의 게임 용어를 주먹구구로 이해해 가며 장 비서관과 문장 하나, 단어 하나씩 고쳐나갔다. 하지만 고칠 땐 이해가 됐는데 완성하고 보면 또 이해가 안 됐다. 보좌진과 며칠 밤을 새우다시피 해서 수십 차례 퇴고를 반복했다. 실로 내가 3선 국회의원을 하는 동안 가장 만들기 어려웠던 보도 자료였다.

PC방 대통령

보도 자료를 쉽게 쓰려고 무던히 노력했음에도 우리의 카나비 관련 활동은 거의 기사화 되지 못했다. 게임 전문 매체 외에 기성 언론으로는 유일하게 국민일보가 관련 보도를 크게 실어줬을 뿐이었다. (국민일보는 당시 독자층 확대 전략으로 '젊은 감성을 잡겠다'며 게임 전담 부서를 만들었는데 그 때문에 이 사건을 무려 세 번이나 1면 기사로 내보냈을 정도로 큰 관심을 기울였다.)

---

10 공식 영문명은 League of Legends.

언론의 보도 양으로 따지면 이 사건은 거의 사회 이슈로 볼 수 없을 정도로 미미했다. 하지만, 온라인에서는 전혀 달랐다. 게임 관련 커뮤니티에서는 우리의 활동에 대한 1020세대의 반응이 말 그대로 폭발적이었다.

우리는 이른바 '롤갤'로 불리는 디시인사이드 '리그 오브 레전드' 게시판에 직접 글을 올리며, 수시로 상황을 보고했다. 〈하태경입니다. 카나비 구출 작전 결과 보고 드립니다.〉 같은 게시물에는 수천 개의 댓글이 달릴 정도로 반응이 뜨거웠다.

하태경 블로그에 올려놓은 카나비 사건 보도 자료에도 수 백 개의 댓글이 달리는 것이 눈에 띄었다.

원래 국회의원 블로그는 단순히 보도 자료를 쌓아두는 공간 정도로 인식되어 기자들 외에는 큰 관심이 없는 경우가 많다. 그러나 카나비 구출 작전 이후 우리 의원실에 대한 10대들의 관심과 지지가 폭발했다.

이들은 마치 성지 순례하듯이 하태경 블로그를 방문해 '인사'를 남기고 가는 자발적 운동을 벌였는데 예를 들면 아래와 같은 내용의 댓글들이었다. 국회의원으로서 보람을 느끼게 해주는 청년들의 고마운 댓글들이었다.

블로그 성지 순례를 온 1020 청년세대의 뜨거운 댓글들

 20대 중반까지 국회의원 및 대통령 전부, 부정부패에 비리 투성이 역겨운 집단이라고 생각하고 살았습니다. 정치권에 관심조차도 주지 않고 제 인생만 살았습니다. 하지만 이번 계기로 제가 생각을 바꾸는 계기가 되었습니다. 진실을 밝혀 주세요. 파이팅!

 이번 사건으로 국회의원의 색안경을 벗겨주신 의원님을 앞으로 응원하도록 하겠습니다.

 하태경 의원님을 보고 국회의원의 필요성을 느꼈습니다.

 진짜 살면서 국회의원 관심 하나도 없었는데 하태경 의원님 이름은 평생 못 잊을 거 같습니다. 감사합니다.

 사회에서 일을 시작하는 순진한 청년을 지켜 주려 노력해 주셔서 감사합니다.

 고맙습니다 의원님. 국회의원이 왜 필요한지 절실하게 느끼게 되었습니다. 진심으로 고맙습니다. 표로 응원하겠습니다.

 정치인한테 이런 말하는 건 처음인데 정말 감사합니다.

 당을 떠나서 열일하는 국회의원은 세금이 한 푼도 아깝지 않다.

댓글 뿐 아니라 길에서 만난 낯선 10대들로부터는 셀카 요청이 줄을 이었다. 중고생들 사이에서 "국무총리는 몰라도 하태경은 안다."라는 말도 들었다. 심지어 청소년들 사이에서 'PC방 대통령'이라는 별명까지 생겼다. 이것은 오랜 국회 활동 중에 한 번도 겪어보지 못했던 새로운 경험이었다.

나는 이 사건을 거치며 기성 언론을 통해 소비되는 이슈가 있고, 온라인 커뮤니티에서 소비되는 이슈가 따로 있다는 사실을 절실하게 깨달았다.

기성세대는 잘 모르지만, 카나비 노예 계약 문제는 청년들의 인터넷 커뮤니티를 뜨겁게 달군 이슈였다. 10대 20대가 이 사건을 자기 일처럼 생각하게 된 중요한 이유는 '프로게이머'가 요즘 청소년들이 선망하는 직업이기 때문이다. 어른들은 모르는 그들의 세계가 10대의 권리를 제대로 보호하지 않는다는 생각이 들었을 때, 그들은 좌절할 수밖에 없었고 누군가 이의 수호자로 나타나자 환호했던 것이다.

"미성년자라고 아무렇게나 계약하면 안 됩니다. 국회의원이 두 눈 부릅뜨고 지켜보고 있습니다. 미래가 두려워 갖은 압박과 협박에 순응할 수밖에 없었던 청년들을 뒤에서 끝까지 돕겠습니다. 국회 차원에서 할 수 있는 모든 일을 하겠습니다."

이런 입장 발표에 10대, 20대는 환호하며 박수쳤다. 〈카나비 구출 작전〉이라 명명했던 일련의 과정은 매우 성공적이었다. 결국 노예 계약서는 취소되었다. 카나비 선수는 원하는 구단과 합당한 계약을 맺었고, 세계 무대에서 좋은 성적을 내고 있다.[11]

11 노예 계약 사건으로부터 4년 뒤, 카나비 선수는 2022년 항저우 아시안게임에 국가 대표로 출전해 금메달을 땄다. e스포츠가 아시안 게임 공식 종목으로 채택된 첫 해, 팬들에게 선사한 큰 선물이었다.

PC방 대통령 실감나네

카나비 사건의 뜨거운 반응은 6개월 후에 있었던 총선에 그대로 영향을 미쳤다.[12] 당시 해운대 선거 분위기가 전에 비해 너무나 다르다는 사실이 피부로 느껴졌다. 특히 10대 20대 사이에서 엄청난 인기를 실감했다.

선거 운동 중에 지나가는 젊은 남자들을 만나면 '사진 찍자'며 다가오는 경우가 거의 100퍼센트에 가까울 정도였다. (수줍은 얼굴로 다가와서 사진을 찍고는 친구들한테 자랑하겠다고 말하는 경우가 많았다)

그해 총선에서 나는 부산 득표율 1위를 했는데 관외 사전 투표에서 득표율이 크게 높아진 것이 주원인이었다. 관외 사전 투표는 군인이나 유학생, 타 지역에 근무하는 회사원들의 표가 많아서 청년 표심으로 해석된다. 4년 전 선거에서는 민주당 후보보다 관외 사전 투표에서 9퍼센트 뒤졌지만, 그해 선거에서는 오히려 7퍼센트 앞섰다. 뿐만 아니라 투표율도 직전 총선 대비 16퍼센트나 올라갔다. 카나비 사건의 후과였다.

---

12 카나비 구출 작전은 2019년 10월에 있었고, 2020년 4월에 국회의원 총선이 있었다.

뒷이야기, 무릉 29층 안 됨

카나비 구출 사건으로 게임의 세계에 진출한 이후, 우리는 게임 계의 다른 사안에 대해서도 계속 관심을 갖고 사안에 따라 종종 관여했다. 특히 '확률형 아이템' 문제가 또 하나의 큰 이슈였다.

확률형 아이템이란 칼·창·방패 같은 아이템을 일정 확률로 뽑는 상품을 말한다. 만약 게임 세상에 단 하나밖에 없는 아이템을 사들이려면 파친코처럼 극악의 확률을 뚫어야만 한다.

이 때문에 사행성 논란이 크다. 공정 거래 위원회는 확률형 아이템과 관련하여 사행적 이용이 심한 게임을 대상으로 과태료와 과징금을 부과하기도 했다.

그러나 문제는 확률형 아이템의 '당첨 확률'을 회사 측에서 조작하고 있다는 의혹이 끊임없이 제기됐다는 점이다. 실제로 게임 회사들은 특정 아이템이 뽑힐 확률을 제대로 공개하지 않았다. 일부 공개하더라도 의심되는 부분을 명쾌하게 설명해 주지 않았다.

'확률형 아이템'의 문제를 인식하게 된 우리 의원실은 자체 조사를 벌였다. 이른바 '확률 장사 5대 악덕 게임'을 선정하고 소비자를 기만한 사례를 모두 수집해 공정 거래 위원회에 진정서를 제출했다.

적게는 수백만 원, 많게는 수억 원을 투자해도 최상위급 아이템이 한 번도 나오지 않은 확률 구조의 문제점을 지적했다. 심지어 1등이 나오지 않게 설정된 소위 '1등 없는 로또' 아이템을 적발하기도 했다.

하지만 이러한 활동에도 안티는 있었다. 커뮤니티에 이렇게 비아냥거리는 글이 올라왔다.

"하태경 아저씨, 저 게임을 해보기는 했수? 무릉 29층은 되냐?"

여기서 말하는 '무릉 29층'이란 메이플 스토리[13]에 나오는 무릉도장을 말한다. 게이머는 무릉도장에 입장하여 각 층마다 등장하는 몬스터들을 무찌르며 최상층인 100층까지 올라가야 한다. 그러니까 29층도 안 되는 초보 주제에 게임도 잘 모르면서 이런 문제 제기를 할 수 있냐는 조롱이었다.

그러자 장 비서관이 다시 댓글을 달았다. 하태경 계정으로 단 댓글이었다.

"무릉 29층은 안 되지만, 전자상거래법 21조[14]는 잘 압니다."

---

13 넥슨이 유통하는 온라인 게임이다. 캐릭터가 계속 모험을 떠나면서 다음 단계로 성장을 반복한다.
14 전자상거래법 제21조 (금지 행위)
① 전자 상거래를 하는 사업자 또는 통신 판매업자는 다음 각 호의 어느 하나에 해당하는 행위를 하여서는 아니 된다. 1. 거짓 또는 과장된 사실을 알리거나 기만적 방법을 사용하여 소비자를 유인 또는 소비자와 거래하거나 청약 철회 등 또는 계약의 해지를 방해하는 행위

'게임은 할 줄 모르지만, 이것이 법적으로 문제가 되는 것은 확실하다. 확률형 아이템 문제를 바로잡는 게 국회의원이 할 일이지 게임을 잘하는 게 나의 일은 아니다'라는 이야기를 돌려서 표현한 댓글이었다. 이 재치 넘치는 댓글이 게이머들 사이에서 한동안 회자됐다. 그 바람에 한동안 나의 별명은 〈무릉 29층 안 됨〉이 되기도 했다.

하태경 얘 무릉 29층은 되냐???????

야좌 ☑   2021.03.16 11:46

조회 2026 댓글 56↓ 블로그

왜 나대는 거지? ○○...?

야좌 님의 [작성글 검색]

☆ 55 💬 13   ✕ 133

하태핫태 ☑

무릉 29층은 안되는데 전자상거래법 21조는 잘 압니다ㅎㅎ

2021.03.16 12:04

    ↳ ○○(118.218)

      ㄹㅇ ㅋㅋㅋ

      2021.03.16 12:05

    ↳ 야좌 ☑

      이거 한방 먹었군요:^:

수사권 없는
수사반장

로비하러 왔다가 털리고 가다
CCTV 군납 비리 사건

한국군 감시 장비가 중국산이라고?

서욱 국방부 장관[15]이 취임하자마자 치른 첫 국정 감사[16]에서 긴급한 제보가 하나 들어왔다. 육군에 납품되는 국산 CCTV가 실제로는 중국에서 만들고 라벨만 국산으로 바꿔 들어온 '메이드 인 차이나' 제품이라는 제보였다.

이 사건은 내가 12년의 의정 활동 중에 '제보'를 받고 포착한 사안 중에 가장 큰 비리 사건이었다. 218억 원에 달하는 군납용 해안 감시 장비가 사실은 중국 장비를 국산으로 둔갑시켜 납품한 것이다. 이 놀라운 제보는 처음부터 의심의 여지가 없을 정도로 증거 자료가 상세하고 명확했다. 심지어 중국에서 CCTV를 제조하는 현장 사진까지 담겨 있었다.

---

15 문재인 정부의 마지막 국방부 장관
16 국회는 입법 기능 외에 행정부를 감시하는 역할도 하는데 소관 상임위원회 별로 매년 정기 국회 이전에 국정 전반에 대한 감사를 실시한다. 국정 감사 준비 때문에 "국회엔 가을이 없다"는 말이 있을 정도로 국회의원과 보좌진에게는 중요한 일정이다.

제보는 확실했다. 우리 보좌진은 중국의 CCTV 회사 홈페이지를 모두 뒤져서 납품된 장비가 중국산 장비와 동일하다는 점을 입증했다.

중국업체 공장에서 제조되고 있는 육군 납품 카메라(왼쪽)
중국업체 홈페이지에 공개된 공장 내부 사진(오른쪽)

의원실이 문제를 제기하자 육군은 해당 CCTV가 분명히 국내에서 제작됐다고 해명했지만, 보안 점검 결과 CCTV에서 중국산 악성 코드 IP가 발견되었다. 심지어 군사안보지원사령부는 중국업체가 그 IP를 설정한 것이라고 했다. 육군의 거짓말이 바로 들통났다.

이 때문에 군 당국은 더 곤란에 처했다. 만약 이 문제가 라벨갈이 수법의 군납 비리가 아니라면 간첩 혐의를 받아야 하는 상황이 된 것이다.

문제는 쉽게 마무리 될 것 같았다. 비리의 근거가 너무 명확해 아무도 반론을 제기할 수 없었고 의원실의 문제 제기에 대해 사업을 주관한 육군은 아예 답변을 못 했기 때문이다. 우리는 육군이 사실상 혐의를 인정했다고 이해했다.

정부, 스스로 면죄부를 주다

CCTV 군납 비리는 사실상 입증된 것이나 마찬가지였고, 수사 의뢰 절차만 남은 것으로 보였다. 우리는 논의 끝에 군의 자정 의지를 믿고 감사실에서 비리를 확인한 뒤 수사 의뢰하도록 요구했다. 국방부가 스스로 비리를 해결하게 하자는 의도였다.

보통 국정 감사에서 국회의원이 의혹을 제기하면, 감사원이나 해당 부처의 자체 감사로 마무리하는 경우가 많다. 매우 중대한 사건일 때는 상임위원회 의결을 통해 수사 기관에 수사를 의뢰하기도 하지만 여론의 집중적 관심을 받는 중대 사안이 아닌 이상 이렇게 자체 감사를 통보하는 선에서 마무리 되는 경우가 많다.

그런데 문제는 이렇게 자체 감사로 처리된 사안을 해당 기관이 내부 감사를 거쳐 스스로 '문제 없음'으로 정리해버리면, 국회의원이 다시 손을 쓸 수 없는 황당한 상태로 빠져버릴 수 있다는 것이다.

바로 이 사건의 경우가 그랬다. 국방부는 스스로 해결하겠다면서 자체 감사를 실시하더니 감사 결과를 슬그머니 '문제 없음'으로 정리해 버렸다. 비리의 실체를 거의 파악하고, 사실 확인까지 끝났다고 생각한 의원실 입장에서는 한마디로 뒤통수를 맞은 격이었다.

군 당국의 자정 의지를 믿고 군 내부에 문제 해결을 맡긴 나도 허탈감이 들었다. 결과적으로 비리의 명백한 증거까지 확인하고도 누구도 책임지지 않은 상황이 되었기 때문이다. 좌절감이 밀려왔다.

이렇게 끝낼 수는 없다

보좌진은 "절대 이렇게 끝낼 수는 없다."라고 의견을 모았다. 어쨌든 국정 감사를 거쳐 결론이 난 사안을 이후에 추가로 파헤친다는 것은 사실 안 해도 되는 일거리가 하나 늘어나는 셈이었다. 하지만, 보좌진은 이 문제를 더 파야 한다고 주장했다. (우리 의원실은 이렇게 국정 감사가 끝난 이후에도 스스로 일을 만들어서 하는 경우가 많다)

"너무 화가 납니다. 우리 의원실이 틀리지 않았음을 기록으로 남겨야 합니다. 국방부 감사실이 감사 결과를 철회하고 수사 기관이 수사해서 관계자 모두 처벌받게 해야 합니다."

다른 보좌진도 문제의 심각성을 지적했다.

"이 사안은 생각보다 훨씬 심각합니다. CCTV는 단지 육군만 사용하는 장비가 아닙니다. 벌써 해군이나 방사청, 경찰청까지 비슷한 제보가 쏟아지고 있습니다. 특히 중국산 CCTV 문제는 심각한 보안 위험성도 있어요."

아무리 생각해도 이를 그냥 넘어갈 수는 없었다. 국정 감사는 끝났지만 우리는 끝나지 않았다. 그러나 해결할 방법이 문제였다. 수사권도 없는 국회의원이 정부가 스스로 내린 '문제 없음'의 결과를 어떻게 뒤집을 것인가?

고민 끝에 우리는 '방산 비리 전문가' 김영수 국방권익연구소 소장을 찾아갔다. 김영수 소장은 군납 비리 문제에 관한 최고의 전문가로서 군납 비리를 다룬 영화, 〈1급 기밀〉의 실제 모델이기도 했다. 우리는 김 소장의 조언대로 국민권익위원회의 공익 제보 형식을 활용해 수사 기관에 수사를 의뢰할 수 있었다.

그렇다. 세상엔 뻔뻔한 감사관실을 대신해줄 공공 기관이 많다. 그들의 도움을 받아 수사는 순조롭게 시작됐다.

경찰은 수사가 시작되자마자 기다렸다는 듯이 납품 업체와 육군 본부를 압수 수색했다.

한 가지 재밌는 것은 이 사건이 민주당이 일으킨 이른바 '검수완박(검찰 수사권 완전박탈)'의 덕을 봤다는 점이다. 검수완박 논란의 와중에서 당시 검찰과 경찰은 기관의 자존심을 걸고 논쟁을 벌였다. 이때 국가수사본부는 자신들의 역량을 확실히 보여 주기 위한 본보기 사건을 찾고 있었는데 때맞춰 이 사건이 나타난 것이었다.

국가수사본부는 군(軍)을 정말 열심히 수사했다. 모든 비리를 밝혀내고 관련자를 불구속 송치했다. 검찰보다 경찰이 일을 더 잘 한다며 국민의 칭찬이 이어졌다.

그러자 이번엔 검찰이 나섰다. 검찰은 보완 수사로 추가 혐의를 밝혀냈고 한 명을 더 구속시켰다고 이례적으로 보도 자료까지 냈다.

결국 이 사건은 검수완박을 둘러싼 검경의 자존심 싸움과 얽히면서 그야말로 탈탈 털려버렸다. 오죽했으면 국방부 고위 공무원이 찾아 와서 "힘들어 죽겠다."라고 토로할 정도였다. 우리는 검, 경 누구의 편도 아니었으므로 철저하게 수사해 준 모두에게 고마울 뿐이었다.

검, 경이 경쟁적으로 수사하는 바람에 사건의 실체는 금방 드러나고 말았다. 업체 관계자가 구속되고 브로커 등 총 4명이 기소되었다. 결국 의원실의 끈질긴 노력과 전문가의 협업으로 200억 대의 감시 장비 납품 비리는 전모가 드러났다.

로비하러 왔다가 털리고 가다

그런데 이 과정에서 의원실로 비리 연관 업체의 면담 요청이 집요하게 들어왔다. 보나마나 '한 번만 봐 달라'는 얘기를 할 것이 분명했다. 몇 번 거절했지만 업체 측은 정말 다양한 경로를 통해 '한번 만나 달라'는 요청을 계속했다. 심지어 사돈의 팔촌까지 다양한 인맥을 통해 "아무개 한번 만나 줘라! 만나서 얘기 한번 들어 줘라!"라는 청탁이 들어왔다.

우리는 처음엔 철저하게 무시했지만 나중에는 생각을 바꿨다. 무시 전략을 고집하다가는 국회의원이 의견 청취도 안하고 갑질만 한다며 동네방네 소문낼 기세가 느껴졌기 때문이다. 일단 만나서 얘기는 들어 주는 것으로 방침을 바꿨다.

당시 우리 보좌진의 대응이 일품이었다. 업체 관계자가 오는 날, 보좌관과 비서관은 아예 의원 회관 1층으로 내려가 로비 입구에 있는 테이블에서 업체 관계자를 만났다. 의원실에 들어오는 것 자체를 일단 막고 시작한 것이다.

그런데 그 테이블이 있던 로비는 완전히 확 트인 장소라서 CCTV도 잘 설치되어 있고, 방호과 직원들은 물론 지나가는 사람들 누구나 볼 수 있게 개방된 공간이었다. 보좌관이 업체 관계자에게 먼저 이렇게 말했다.

"이 사안은 감사 중인 사안이라 이렇게 의원실과 업체가 만나는 사실 자체가 부적절하게 보일 수 있습니다. 다만 업체 쪽에서 꼭 전달하고 싶은 얘기가 있다고 계속 요청하셔서 나왔습니다. 그래서 이 대화 과정을 전부 녹음하겠습니다. 동의하지 않으면 저희는 어떠한 대화도 나눌 수가 없어요."

업체 측은 마지못해 동의했고 보좌관은 녹음기 버튼을 눌렀다.

"하고 싶은 얘기 다 말씀해 보시죠. 중요한 내용은 의원님께 전달하겠습니다."

그러자 순간 업체 관계자의 표정이 울상이 됐다. 잠깐 아무 말도 하지 못한 채 골똘히 뭔가 생각하던 업체 관계자는 갑자기 사장님의 인생사를 들려주기 시작했다.

"우리 사장님은 1만 원짜리 바지만 사 입을 정도로 검소하시고 착한 분입니다.", "애국심과 봉사 정신이 어찌나 투철하신지 제가 늘 존경하는 분입니다."

이런 시답지 않은 이야기만 늘어놓은 채 어색한 인사만 남기고 가버렸다. 업체가 로비하러 왔다가 오히려 멘탈만 털리고 간 셈이다.

화가 난 이유

하지만 업체 사장은 끝끝내 수를 써서 의원실에 찾아오기도 했다. 내가 모 NGO 인사와 만나기로 약속을 했는데 그 사람을 앞세워서 자리에 같이 나타난 것이었다. 그 바람에 한바탕 소란이 일기도 했다. 나는 예고 없이 CCTV업체 대표가 의원실에 따라 들어온 상황을 인지하자마자 바로 (육두문자 비슷한 험악한 언사를 내뱉으며) 그를 의원실 밖으로 내쫓았다. 나와 약속을 하고 의원실에 찾아온 분께는 죄송한 마음도 있었지만, 양심상 이 사안만큼은 분명하게 선을 그어야 했다.

내가 분노했던 것은 다름 아닌 중국 CCTV를 한국 장비로 둔갑시킨 업체가 그토록 나를 만나려고 했던 '이유'였다.

수사 문제와 관련해 해명할 일이 있다면 '수사 기관'을 찾아가 해명이든 설명이든 해야 했다. 그런데 이상하게도 해당 업체는 별 상관없는 국회의원 사무실을 찾아와 그토록 끈질기게 단독 면담을 요구했던 것이다.

왜 그랬을까? 생각할수록 그 의도는 너무나 명확했다. '문제를 제기하는 야당 의원 하나만 입을 막으면 상황을 정리할 수 있다'는 판단. 바로 그런 생각으로 그렇게 행동했음이 분명했다.

업체는 수사 기관도, 한 나라의 국가 안보를 관장하는 국방 정책의 사령탑도 안중에 없었다. 대신 바른 말 하는 놈 하나만 입을 막으면 된다고 생각했던 것이다.

그만큼 이 나라가 허술해 보였던 것일까? 바로 이 지점에서 나는 극도의 분노를 느꼈고 난생 처음으로 의원실에 온 손님을 보자마자 멀리 내쫓아 버렸다. 험한 말과 함께.

이런 바보 같은 국회의원이 있나!
일본 불화수소 밀수출 사건

국회의원 활동 중에는 어떤 제보나 민원에서 단서를 얻어 발로 뛰기 시작하는 때도 있지만, 의원실에서 완전히 작정하고 의도적으로 정치 이슈를 만들어 내는 때도 있다. 일본이 우리나라를 '화이트 리스트'[17]에서 배제했을 때, 우리의 대응이 바로 그랬다.

2018년 10월 우리나라 대법원이 "일본 전범 기업이 강제 징용 피해자에게 직접 배상해야 한다."라고 판결했다. 그러자 일본은 이에 대한 맞대응으로 우리나라를 화이트 리스트에서 제외하며 불화수소 등 반도체 핵심 소재의 수출 규제에 들어갔다. 즉 일본이 자국 전략 물자의 수출 규제에 돌입한 것이다.

이로써 편의점 일본 맥주 불매 운동이 발생하는 등 한일 관계는 최악의 상황으로 빠져든다.

그런데 여기서 문제는 일본이 우리나라를 화이트 리스트에서 배제한 표면적인 명분이었다. 일본이 내세운 근거는 "대한민국

---

17 일본 정부가 외국과의 교역시 군사용으로 이용될 수 있는 전략 물자의 수출 관련 절차를 간소하게 처리하도록 우대해 준 국가를 가리키는 말이다. 안전보장우호국이라고도 한다.

이 북한에 불화수소를 밀수출했기 때문"이라는 것이었는데, 나는 뉴스를 보자마자 이러한 일본의 황당한 논리를 반박해야겠다는 생각이 들었다.

당시는 문재인 정부 시절이었고, 나는 야당 소속이었다. 하지만 한일 문제의 경우 여야 진영 논리를 따질 일이 아니었다. 한-일간 논쟁 국면에서 '우리 정부를 돕고 일본을 공격할 수 있는 논리적 근거를 찾아보자'라고 계획적으로 시작한 일이었다.

일본 정부 기관의 홈페이지를 털다

일본은 왜 수출 규제의 명분을 하필이면 "한국이 북한에 전략 물자를 밀수출했다."라는 것으로 잡았을까? 추측건대 일본 국내의 반북 감정을 건드리는 동시에 한국 내 보수층까지도 끌어들이려는 전략으로 짐작됐다.

그런데 상식적으로 그동안 북한과의 교류는 한국보다 일본에서 더 많았기 때문에 전략 물자의 대북 밀수출이 있었다면 오히려 일본이 더 많지 않았을까? 하는 막연한 의문이 생겼다.

그 추측은 정확히 맞아떨어졌다. 일본 안전보장무역정보센터(CISTEC)[18] 자료를 입수해 보니 오히려 일본이 북한에 불화수

---

18 CISTEC은 1989년 설립된 기관으로 안보 전략 물자 수출 통제 관련 이슈를 연구 분석하는 일본 유일의 비정부 기관이다.

소를 밀수출하다가 적발된 사실이 있었던 것이다. CISTEC의 〈부정 수출 사건 개요〉 자료를 살펴보면 일본에서 약 20년 간 (1996~2013) 30건 넘는 대북 밀수출 사건이 있었는데 이 중에 핵개발·생화학 무기에 활용될 수 있는 전략 물자가 포함돼 있었다.

일본 안전보장무역정보센터 〈부정 수출 사건 개요〉에서 밝힌 일본의 전략 물자 밀수출 주요 사례 (2016.10.14.)

1) 북한에 불화수소를 밀수출하여 적발된 사례
2) 핵개발·생물 무기에 이용될 우려가 있는 직류 안정화 전원, 주파수 변환기, 동결 건조기, 탱크로리 등을 밀수출 후 적발된 사례
3) 일본이 밀수출한 전략 물자 중 3차원 측정기가 리비아 핵시설에서 발견된 사례

이 자료에 따르면 북한에 전략 물자를 밀수출한 것은 다름 아닌 '일본' 자신이며 우리를 화이트 리스트에서 배제한 일본의 논리에 따르면 일본은 스스로를 셀프 블랙리스트 국가로 지정한 꼴이었다.

2019년 7월, 우리는 이 자료를 근거로 "정작 북한에 불화수소

를 밀수출한 나라는 대한민국이 아니라 일본이다!"라는 기자 회견을 했다.

이 회견에서 나는 "한일 관계가 최악으로 치닫고 있는 상황에서 일본은 감정적인 대응을 자제해야 한다. 계속해서 억지 주장을 펼치면 오히려 일본이 국제 사회에서 고립될 것이다. 일본은 즉시 부당한 수출 규제를 철회해야 한다."라고 강조했다.

역시 한국인은 바보다

"한국이 아니라 오히려 일본이 불화수소를 북한에 밀수출했다." 라는 우리 주장은 일본 언론에도 크게 보도됐다.

한국을 골탕 먹이려고 한 화이트 리스트 배제 논리가 한 방에 무너졌기 때문이다. 이런 굴욕 때문에 일본 언론의 기사에도 댓글이 무려 1만 개 넘게 달리면서 뜨거운 논란이 되었다.

그런데 이때 국내 반응뿐만 아니라 일본 반응까지 살피던 우리 비서관이 이른바 '대박 댓글' 하나를 발견했다. 그 댓글의 내용은 대략 이랬다.

"한국 국회의원 참 멍청하다. CISTEC 자료는 경제산업성의 공문을 취합한 2차 자료에 불과하다. 경시청(일본의 경찰청) 자료를 보면 더 확실한 1차 자료를 쉽게 확인할 수 있고, 더 확실하게 때려잡을 수 있는데, 그런 기회를 놓친 것 아닌가? 나 같으면 더 확실하게 끝내 버렸을 텐데. 아래 링크를 통해 정리해 봤다. 역시 한국인은 바보다."

그가 남겨 놓은 링크를 따라 들어가 보니, 일본인의 꼼꼼함과 세심함에 감탄할 정도였다. 일목요연하게 정리된 경시청의 원문 자료와 일본 정부를 압박할 수 있는 요점까지 한눈에 정리되어 있었기 때문이다.

우리의 두 번째 폭로는 힘 하나 들이지 않고, 그 혐한 블로거의 친절한 자료를 그대로 퍼온 것이었다. 2018년 일본 경시청의 〈대량 살상 무기 관련 물자 등 부정 수출 사건 목록〉에 따르면 일본이 핵무기 개발에 이용될 수 있는 유도전기로(induction furnace)를 이란에 밀수출했고, UN 대북 제재(2006.10) 이후로도 대량 살상 무기 부정 수출 건수가 16건에 달한다는 내용이 핵심이었다.

이 자료를 근거로 우리는 "일본이 북한 뿐 아니라 이란 등 이른바 친북 국가에도 대량 파괴 무기용 물자들을 밀수출했다."라고 발표할 수 있었다.

"이건 국가적인 일입니다"

두 번째 폭로 이후, 보좌진 검색망에 또다시 큰 건이 걸렸다. 일본의 산케이신문 기사 일부를 발견했는데 기사 내용 중에 '일본 정부가 북한의 핵 개발 전략 물자를 대주는 짐꾼 노릇을 하고 있다'는 내용이 있었던 것이다.

산케이신문은 '한국이 불화수소를 북한에 수출하고 있으니 이를 막아야 된다'는 수출 규제 논란을 일으킨 장본인이었다. 바로 그 산케이신문이 자국의 대북 밀수출을 비판한 일이 있었다는 사실은 우리 입장에서는 논쟁을 완승으로 이끌 비장의 카드가 될 수 있었다.

그러나 완벽한 팩트 체크가 필요했다. 인터넷 검색으로 찾아낸 기사는 '제목과 본문 일부' 뿐이었고, 원문을 도저히 확인할 수 없었다. 정확히 언제 쓰인 기사인지도 알 수 없었다.

당시는 주말이었지만, 국민적 관심이 뜨거운 상태라 아무래도 쉴 수가 없었다. 전 보좌진이 매달려 열심히 검색을 해봤지만 원문의 존재는 오리무중이었다.

국가적 논쟁이 오고 가는 와중에 국회의원이 원문 자료에 관한 확인도 없이 대국민 기자 회견을 할 수는 없었다. "인터넷 검색으로 이런 링크를 발견했다."라고 발표하기엔 너무나 궁색했다.

반드시 기사 원문을 확인해야 했다. 어떻게 오래된 일본의 종이 신문을 뒤져서 기사 원문을 확인할 수 있을지? 궁리 끝에 '도서관에는 종이 신문의 원문이 있을 것 같다'는 아이디어가 나왔다. 도서관은 일본 신문들을 보관하는 경우가 많아서 제대로 찾아보기만 한다면, 우리가 그토록 찾아 헤맨 산케이신문 원문도 있을 가능성이 컸다.

하지만 시간이 없었다. 몸이 단 보좌진이 몇 군데 국공립 도서관에 전화를 걸어 사서에게 다짜고짜 부탁했다.

"하태경 의원실입니다. 죄송하지만, 급히 산케이신문 원본을 확인해 주셨으면 합니다. 정확한 날짜도 모르고 실제 게재된 기사인지도 확인이 안 됩니다. 아마 3년 치 신문 기사를 검색해 보셔야 할 거예요. 하지만, 한-일간 자존심이 걸린 국가적인 사안이라 시급합니다. 가능할까요?"

지금 생각해 보면 황당한 부탁이었다. 전화 받은 도서관으로서도 아주 당황스러웠을 것이다. 언제 나온 지도 모르는 기사를 찾아 달라니?

요청은 했지만 결과는 기대하기 어려웠다. 주말이었고 도서관 사서들이 느닷없이 국회의원실의 요청을 들어줄 의무는 어디에도 없었다. 사실상 반쯤 포기 상태였다.

하지만 그쪽에선 뭔가 한바탕 소동을 벌인 것 같았다. 불화수소 문제로 한일 관계가 최악으로 치닫는 국면에서 '국가적 사안'이라고 하니 애국심 넘치는 도서관 사서들이 일대 긴급 작전에 투입됐던 것 같았다. 퇴근 시간을 훌쩍 넘겨 사실상 기자 회견을 포기하고 있었던 토요일 저녁 8시 경. 장 비서관의 핸드폰에 문자가 하나 찍혔다.

"비서관님, 찾았습니다!"

도서관 한 곳에서 산케이신문의 기사 원문을 찾아 보내 준 것이다.

그분은 일본어를 잘 하는 분이었을까? 그럴 가능성은 희박하다. 아마도 '그림 맞추기' 방식으로 약 3년치 신문을 일일이 다 확인하지 않았을까 싶다.

우여곡절 끝에 기사 원문을 찾아낸 우리는 바로 다음날인 일요일에 기자 회견을 할 수 있었다. 결과적으로 우리나라를 화이트 리스트에서 배제한 일본의 수출 규제 논리는 완전히 박살나고 말았다.

연이은 우리의 폭로는 방송 3사와 종편 등이 모두 메인 뉴스로 다뤄 줄 정도로 반응이 뜨거웠다. 국회 기자 회견장 발표 때는 YTN이 이례적으로 생중계를 했고, 많은 종이 신문의 1면을 장식하기도 했다.

불화수소 문제로 촉발된 한-일 여론전은 여야 협치의 물꼬를 트기도 했다. 문재인 대통령은 이해찬 더불어민주당 대표, 황교안 자유한국당 대표, 손학규 바른미래당 대표, 정동영 민주평화

당 대표, 심상정 정의당 대표 등 당시 여야 5당 대표들을 초청해서 일본의 수출 규제에 대해서 '초당적 대처'를 주문했고 5당 대표들도 함께 지혜를 모아 나가자고 호응하면서 오랜만에 여야가 손을 맞잡는 모습을 연출하기도 했다.

이러한 일련의 성과들은 이 일에 끝까지 포기하지 않고 매달린 의원실 보좌진의 끈기와 이름 모를 도서관 직원들의 열정이 함께 만들어 준 소중한 결과였다.

지금 이 지면을 빌려서라도 그 당시 우리 의원실의 뜬금없고 황당한 부탁을 무시하지 않고, 열심히 기사를 찾아 주신 도서관 직원들께 진심으로 감사의 인사를 남기고 싶다.

북한에 핵개발 물자 수출을 방조한 일본 정부를 비판하는 산케이신문 (2009.3.21)기사
"소리 없이 다가오는 일본제 핵병기의 위협"

들어라, 광화문 전주혜
여성 가족부 대선 개입 사건

우리 의원실에는 여러 가지 제보가 많이 들어온다. 문제는 쏟아지는 제보 중에 꼭 필요한 내용을 걸러내기가 힘들다는 점이다. 제보나 민원이 들어오면 일단 내용을 검증해야 한다. 제보가 들어왔다고 해서 해당 내용을 그대로 언론에 발표할 수도 없고, 확인 절차 없이 이슈 파이팅의 소재로 삼을 수도 없기 때문이다.

제보가 들어오는 경로는 정말 다양하다. 내 개인 핸드폰으로 들어오는 문자, 카톡 외에도 카카오 플러스 친구, 의원실 팩스, e 메일 등 가리지 않고 들어온다. (특히 어르신들의 경우, 정성스럽게 손 글씨로 편지를 적어 보내주시기도 한다)

이중 우편으로 들어오는 자료는 주로 의원실 막내가 첫 분류를 하는 경우가 많다. 외부에서 날아오는 각종 우편 자료 중에 불필요한 것을 걸러내고, 누구에게 보고해야 하는 자료인지 판단하는 의원실 게이트 같은 역할을 수행하는 셈이다.

여성 가족부 비리 폭로 사건의 시작도 이렇게 우편으로 날아온 작은 제보에서 시작되었다. 한 내부 고발자가 여가부 내부의 대형 비리를 우편물로 제보해온 것이다.

해당 우편물의 발신자는 '국회의원 전주혜'였다. 여기서부터 느낌이 이상했다. 국회의원끼리 편지를 주고받는 경우 의원실 직원이 직접 들고 오는 경우가 일반적인데 이상하게 우편으로 보냈기 때문이었다. 한 건물(의원 회관) 안에서 식구들끼리 우체국으로 편지를 보낸 셈이다. (전주혜 의원실에 우편 발송 여부를 확인해 보기도 했으나 '보낸 바 없다'는 답변이 왔다.)

봉투를 열어 보니 달랑 종이 두 장이 들어 있었다. 여성 가족부의 비리를 폭로하는 자료였다. 내용물은 종이 두 장에 불과했지만, 그것이 담고 있는 정치적 무게감은 컸다. 여성 가족부가 직원들을 시켜서 민주당의 대선 공약을 개발했고, 이를 은폐하기 위해 담당자들에게 구체적인 지침까지 지시했다는 상세한 증거를 담고 있었기 때문이다.

봉투 안에 들어있던 종이는 컴퓨터의 e메일 화면을 캡처 한 것이었다. 공약 개발을 지시하는 본문 내용과 함께 해당 메일이 어느 부서의 누구에게 보내졌는지 고스란히 나와 있었다.

자료에 의하면, 여가부는 대선 공약 개발을 추진하면서 이 사실이 외부에 노출되지 않도록 '중장기 정책과제'로 용어를 바꿔 쓰도록 지시하고 있었다. 누군지 모르겠지만, 불법적인 행동임을 알면서 은폐 매뉴얼까지 함께 내려 보낸 것이 분명했다.

그 무렵 우리 의원실은 여성 가족부의 말도 안 되는 성평등 자료집을 문제 삼는 등 한참 여가부의 문제점에 대해서 시리즈로 비판 성명을 내고 있었다. 추측건대 아마도 우리 의원실의 그런 활동을 보고 제보를 보내온 것 같았다.

위험한 폭로

당시는 대통령 선거를 불과 몇 달 앞두고 있을 때였다. 행정부는 대선에 대해 엄정 중립을 지켜야 할 의무가 있지만, 실제로는 공무원의 역량을 선거에 활용하기 위해 각종 자료 등을 빼돌리거나 몰래 특정 정당을 위한 공약을 개발해 음성적으로 제공하는 경우가 있다.

따라서 문재인 정부에서 일부 부처가 민주당 대선 공약을 만들고 있다는 것은 심증적으로 당연히 그럴 가능성이 있다고 짐작할 수 있었다.

하지만, 단 두 장짜리 제보만 갖고 곧바로 터뜨릴 수는 없었다. 위험한 일이었다. 일단 제보자가 누군지 확인이 안 됐다. 당시는 대통령 선거에서 윤석열 후보와 이재명 후보가 치열하게 경쟁하고 있었는데, 제보가 허위라면 우리 후보에게 치명타를 입힐 수도 있었기 때문이다. 보좌진이 먼저 반대했다.

"제보자를 직접 만나본 게 아니라서 내용을 검증하기 어렵습니다. 만에 하나 거짓 제보일 경우에 출구 전략이 없고 대선 과정에도 큰 피해를 끼칠 수 있습니다."

보좌진의 지적은 일리가 있었다. 하지만 나는 결단을 내렸다.

"책임은 내가 질 테니 발표합시다!"

위험천만한 결정이었다. 만에 하나 잘못될 경우 대선 과정에서 민주당을 음해할 목적으로 가짜 뉴스를 퍼다 나른 국회의원이 될 수도 있었다.

그럼에도 폭로를 결심한 배경에는 몇 가지 이유가 있었다. 일단 우편물에 찍힌 '광화문 우체국' 소인으로 미뤄보건대 '제보자가 광화문 우체국에서 자료를 보냈다'는 점을 추정할 수 있었다. 여가부는 광화문에 있는 정부 서울 청사에 있다. 누가 광화문 우체국까지 가서 의원실을 골탕 먹이려고 허위 제보를 한 것이 아니라면, 이는 진짜 여가부 직원이 보냈을 가능성이 높았다.

또 제보로 받은 메일 캡처 화면에 수신자 등이 자세히 나타나 있었던 점도 제보의 신빙성을 높여줬다. 모두 실제 근무하고 있는 공무원이었고 이름과 부서명도 일치했다. 메일 제목이나 첨부 파일의 제목도 공무원이 사용하는 양식 그대로였다.

이러한 근거로 우리는 폭로를 결정했다. 그리고 의원실 내에서 이 익명의 제보자를 지칭하기 위한 코드명을 만들었다. '광화문 우체국에서 자료를 보낸 익명의 발신인 전주혜 의원'. 그래서 우리는 그를 '광화문 전주혜'로 불렀다.

광화문 전주혜 씨가 보내 온 제보 문건의 봉투

여가부를 쿡 찔러보다

폭로에 앞서 미리 복선을 깔았다. 여성 가족부를 상대로 "대선 공약 자료를 만들었다는 소문이 있는데 사실인가?"라고 먼저 질의를 했다. 예상대로 여가부는 "그런 사실이 없다."라는 답변을 보내왔다.

이러한 허위 답변은 그 후 여성 가족부와의 공방에서 유리하게 활용할 수 있는 수단이 된다. 그렇게 여가부의 거짓말을 먼저 확보해 둔 뒤, 우리는 기자 회견을 통해 제보 내용을 폭로했다. 기자 회견장에서 겉으로는 당당하게 발표했지만, 한편으로는 혹시나 여가부가 발뺌하지나 않을지 초조한 마음도 있었다.

언론에 폭로 기사가 나가자마자 우리는 여가부에 연락해서 해당 메일의 진실 여부를 알려 달라고 요구했다. 여가부는 우리에게 답변하는 대신, 사실을 인정하는 입장문을 언론을 통해 밝혔다. 그 덕분에 폭로를 앞장서 반대했던 우리 의원실의 장 비서관은 제일 먼저 가슴을 쓸어내렸다.

들어라, 광화문 전주혜

하지만, 폭로 이후 '수사'를 요구하는 과정에서 여가부와 치열한 머리 싸움을 피할 수는 없었다. 우리는 공약 개발을 지시한 내부 e메일 화면만 입수했을 뿐, 어떤 형태의 대선 공약을 만들었는지 여가부가 구체적으로 무엇을 했는지는 알 수 없었다.

그 때문에 우리의 최대 관심은 메일에 첨부된 공약 개발 자료였다. 그 첨부자료의 '실물'을 확보하는 것이 불법 행위를 입증

할 수 있는 가장 좋은 방법이었던 것이다.

어떻게 그 자료를 확보할 수 있을까? 그냥 달라고 하면 절대 주지 않을 것이 분명했다. 고민 끝에 장 비서관이 한 가지 아이디어를 냈다. 해당 자료를 요구하는 '자료 요청 폭탄'을 투척하자는 아이디어였다.

국회의원은 압수수색이나 수사를 할 수는 없지만, 정부 부처를 압박할 수 있는 나름의 무기가 있다. 자료 요구를 할 수 있는 것이다. 의원실에서 인터넷 시스템으로 정부 부처에 자료를 요구하면 부처에서 국회로 파견 나와 있는 협력관들이 처리를 맡게 된다. 그런데 협력관 중 한 사람이 한번은 우리 보좌관에게 고충을 토로했다는 것이다.

"민주당 보좌관님 때문에 너무 힘들어요."

"왜요?"

"자료 요청하고 나서, 언제 주냐고 30분에 한 번씩 전화로 물어봐요."

"그래요? 30분에 한 번씩 계속 닦달하면, 힘드시겠네요."

"네. 아주 죽겠어요. 그 보좌관님 우리 부처에 소문 다 났어요!"

자료 요구 폭탄 아이디어는 그 대화에서 떠올린 것이었다. 자료 요구를 계속하면 여가부가 버티다 지쳐서 언젠가는 자료를 보내 줄 것이라는 생각은 아니었다.

'우리도 반복적으로 자료 요구를 하다 보면 여가부 안에 진상 국회의원으로 소문이 날 것이고 그 소문은 광화문 전주혜 씨의 귀에 들어갈 것이다. 그러면 제보자가 또 다시 추가 자료를 보내오지 않겠는가!'라는 계산이었다.

우리의 괴팍한 행동이 여가부 안에 소문이 나서 추가 제보가 들어오기를 기대한 행동이었다. '광화문 전주혜 씨! 듣고 있나요? 자료 좀 보내 주세요.' 그런 메시지였던 셈이다.

우리는 전화로 사람을 괴롭히는 대신 신사적인 방법을 택했다. 자료 요구서를 한 100번쯤 보내기로 했다. 이것을 '쑥마늘 전법'이라고 불렀다. 여가부가 쑥과 마늘을 한 100번 정도 먹으면 뭔가 반전이 일어나지 않을까 하는 기대에서였다.

정부 부처에 대한 자료 요구는 보통 〈의정 자료 전자 유통 시스템〉으로 이뤄진다. 이곳에 요구서가 접수되면 해당 부처의 담당과에 전달된다. 그때부터 우리는 하루에 세 번씩 자료 요구서를 보냈다. 우리는 공문에 번호를 붙여서 계속 보냈고 가끔 숫자가 헷갈려서 하루에 네 번, 다섯 번도 보냈다.

하지만 여가부는 묵묵부답으로 일관했고, 광화문 전주혜 씨의 추가 제보도 없었다. 성과는 없는 듯 보였다. 그렇게 '그 정도 보냈으면 됐다. 더 이상의 폭로는 못할 것 같다'고 체념하고 있을 무렵 놀라운 일이 벌어졌다.

또다시 광화문 전주혜로부터 우편물이 날아왔다. 당연히 봉투 안에는 우리가 그토록 원하던 대선 공약 개발 자료 원본이 떡하니 들어 있었다.

익명의 제보자를 향한 무언의 메시지는 제대로 전달됐다. "들어라 광화문 전주혜!" 작전이 정확하게 통한 것이다. 그 자료를 기초로 우리는 또 다시 여가부의 대선 개입을 밝혀내는 2차 폭로를 할 수 있었다.

이 일은 여러 사람의 노력과 희생 덕분에 가능한 일이었다. 수많은 우편물 더미에서 매의 눈으로 중요한 제보를 찾아낸 막내 비서관부터 단 두 장의 문서를 토대로 끝까지 진실을 추적해 낸 보좌진들의 노력, 그에 호응한 익명의 제보자 광화문 전주혜 씨의 용기와 센스 등이 모두 어우러지면서 대선 국면의 중대 비리를 폭로하는 결실을 맺을 수 있었다. (이 일로 현직 여가부 차관이 선관위에 의해 검찰에 고발되었고, 장관 차관 등 고위 공직자들이 줄줄이 소환되어 조사를 받았다)

국방위원이 발레 학원으로 간 이유
병역 특례 폭로 사건

2018년 국정 감사에서 우리 의원실은 병역 비리 문제를 깊이 있게 파헤치기로 방향을 잡았다. 그 해 국정 감사는 내가 국회 국방위원으로서 처음 맞는 국정 감사였는데, 무엇보다 청년들이 소중하게 여기는 '공정의 가치'를 살릴 수 있는 국정 감사 아이템이 무엇일까? 고민하던 중에 병역 특례 문제를 검증해 보기로 한 것이다. 특히 병역 특례 제도가 악용되는 부분은 없는지 전수 조사를 시작했다. 이때 떠오른 문제가 예술·체육 요원의 봉사 활동 문제였다.

예술·체육 요원 제도는 문화 창달에 기여한 사람들이 군복무 대신 예술계나 체육계에서 계속 경력 단절 없이 자기 활동을 이어갈 수 있도록 지원해주자는 취지의 제도다.

올림픽에서 3위 이상, 아시안게임에서 1위를 할 경우 체육 요원으로 편입되어 군 입대 대신 '사회 봉사 활동'으로 병역의 의무를 대체할 수 있다.

예술 요원의 경우 음악, 무용 분야의 국제 대회에서 2위 이상

혹은 국내 대회에서 1위를 수상한 경력이 있으면 병역 특례의 대상이 된다.

이런 자격 요건을 갖추고 예술·체육 요원으로 선발된 인원은 병영 생활 대신 34개월 동안 544시간의 사회봉사 활동을 하는 것으로 병역의 의무를 대체할 수 있다. 우리는 2018년 국정 감사에서 이러한 예술·체육 요원들의 병역 특례 문제를 집중적으로 파고들어 비리를 밝혀냈다.

시작은 사진 한 장이었다

첫 시작은 체육 요원들이 꼭 수행해야 하는 544시간의 봉사활동이 제대로 지켜지고 있는지 확인하기 위한 조사였다.

어느 체육 요원이 봉사 활동의 증빙 자료로 고등학교를 방문해 훈련을 돕는 사진을 제출했다. 그 사진을 보니 아무래도 이상한 느낌이 들었다. 제출된 사진들은 하나같이 초록의 잔디밭에서 축구 훈련을 하는 모습이었는데, 하루에 찍은 사진으로 여러 날 봉사 활동을 했다고 재활용한 것으로 보였다. 그렇게 생각한 이유는 구름 때문이었다. 운동장 풍경이나 운동복 차림은 어제나 오늘이나 비슷할 수 있지만, 하늘에 걸린 구름의 모양이나 위치는 똑같을 수 없기 때문이다.

조작이라는 직감이 들었다. 유명한 축구 선수가 학교에 왔으니 분명히 학생들이 신나게 인스타그램을 했을 것이었다. 거기에 뭔가 정보가 있을 것 같았다.

장소를 특정해서 인스타그램을 모두 뒤졌다. 아니나 다를까. 같은 날 그 고등학교를 다니던 학생이 올려놓은 운동장 사진에는 하얗게 눈이 쌓여있었다. 눈이 이렇게 쌓였는데 봉사 활동을 했다니? 의심은 더 커져갔다.

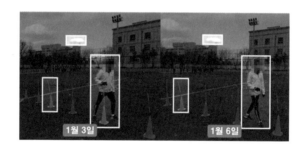

기상청 자료를 확인해 봤다. 파릇파릇한 잔디 위에서 봉사 활동을 했다고 주장하는 날짜에, 기상청은 '대설 주의보'를 발령했다. 대설 주의보가 발령된 날 잔디 위의 눈을 깨끗하게 치우고 여유롭게 봉사 활동을 했다니 말이 되지 않았다. 우리는 체육 요원에게 사진의 원본을 요구했다. 그런데 각기 다른 날 활동한 사진이라며 제출된 파일을 살펴보니 실제 촬영 정보에는 모두 같은 날 찍은 것으로 되어 있었다.

이로써 병역 특례를 받은 체육 요원 봉사 활동이 부실하게 관리되고 있다는 심증을 굳혔다. 하지만 더 확실한 증거가 필요했다. 재빠르게 눈을 치웠다고 잡아뗄 수도 있었기 때문이다.

우리는 기상청에 추가 자료를 요구했다. 마침 그 고교 근처에 시간별로 적설량을 기록하는 장치를 확인했고, 눈이 내린 당일 분 단위의 적설량 정보와 CCTV 영상을 확보할 수 있었다. 이 자료에 따르면, 100㎡나 되는 운동장에서 눈의 흔적을 완벽하게 없애는 것은 불가능했다.

그 체육 요원은 2014년 인천 아시안게임 축구 금메달리스트인 국가 대표 선수였다. 우리가 제시한 증거에 대해 선수측은 곧바로 허위 자료 제출 사실을 인정하고 반성하면서 문제는 빠르게 해결됐다.

우리가 처음부터 해당 선수를 지목해서 병역 특례 문제를 조사한 것은 아니었다. 병무청이 국정 감사 자료로 제출한 업무 보고서를 하나씩 살펴보며 검증하던 와중에 사진 한 장에서 발견된 사소한 실마리를 파고들어 부실한 체육 요원 관리의 전반적 실태를 파악한 것이었다. 이 사건을 계기로 국회 국방위원회는 '병역특례제도개선 소위원회'를 구성해 예술·체육 요원 제도의 허점을 재검토했다. 이 위원회는 내가 소위원장으로 임명되면서 우리 의원실은 또 다시 국정 감사 이후 새로운 일거리를 떠안게 되었다.

국가 대표 자격이 정지되다

체육 요원의 부실한 봉사 활동은 언론에 공개되면서 파장이 컸고 안타깝게도 그 선수는 축구 협회로부터 영구적 국가 대표 자격 정지 처분을 받게 됐다.

여기서 한 가지 오해가 생기기도 했다. 다른 체육 요원들도 허위 봉사 활동 기록을 다량 제출했는데 유독 그 선수만 국가 대표 박탈이라는 가혹한 징계를 받았다는 것이다. 일각에선 봉사 활동 조금 부풀린 것 가지고 국가대표까지 박탈한 것은 너무했다는 비판도 나왔다.

그러나 당시 그 선수는 봉사 활동 시간을 부풀린 문제보다 국회의 입증 요구에 허위 문서를 제출한 문제가 더 컸다.

허위 봉사 활동 기록을 병무청에 제출했다가 적발될 경우, 1회의 경고와 5일간 복무 연장 처분이 전부다. 그러나 똑같은 자료를 국회 국정 감사에 제출하면 국회증언감정법[19]에 따라 위증죄로 형사 처벌된다. 훨씬 큰 문제가 되는 것이다.

사건 이후 그 선수는 충분히 반성했고, 또 사회 공헌 활동도 열심히 한다는 소식을 들었다. 장래가 촉망받는 축구 선수가 국가 대표 자격을 박탈당한 일에 대해서는 개인적으로 안타까운 마음이다. 그러나 국회가 국민을 대신해서 정부를 감시하는 것은 매

---

[19] 국회에서의 안건 심의 또는 국정 감사나 국정 조사와 관련된 보고와 서류 제출의 요구, 증언·감정 등에 관한 절차를 규정하는 법률.

우 중요한 의미의 활동이다. 국정 감사의 절차와 과정은 재벌 회장부터 평범한 직장인에 이르기까지 모든 국민에게 평등하게 적용되어야 한다. 국회에 허위 자료가 제출된 상황에서 그 선수에게만 예외를 인정해 주기란 불가능했다.

우리가 체육 요원의 부실한 봉사활동 문제를 제기했을 당시, 축구 커뮤니티 등에서는 그 선수에 대한 비난 여론이 고조되었다. 복무 대체만으로도 엄청난 특혜인데 군 복무를 대체하는 봉사 활동마저 가짜로 했다는 사실에 현역, 예비역은 물론 자식을 군대에 보낸 부모님들까지도 역린을 건드린 듯 민감하게 반응했다.

하지만 시간이 지남에 따라 여론의 흐름은 다시 바뀌었다. 월드컵 같은 국제 대회에서 수비에 문제가 생길 때마다 "그 선수만 있었어도 이겼다. 하태경이 너무했다."라는 팬심의 비난도 있었다. 하지만 어쩌겠는가? 감수할 수밖에.

발레 선생님을 찾아가다

체육 요원의 부실 관리 문제를 제기한 뒤, 당연히 예술 요원 쪽도 실태를 파악했다. 그런데 국정 감사를 시작도 하기 전에 걱정이 앞섰다. 체육 요원의 전례에 비추어 볼 때 예술 요원 부문도 문제가 심각할 것이 예상되었기 때문이었다.

예상은 적중했다. 어느 정도 예견된 일이었지만, 막상 사안을 파고들어보니 사정은 생각보다 심각했다. 예술 요원으로 선발된 후의 봉사 활동도 문제지만, 예술 요원 선발 과정부터 비리의 기운이 느껴졌다.

우리는 병무청으로부터 최근 10년간 예술 요원으로 편입된 79명의 명단을 받아내 모든 예술 요원의 수상내역, 특례 근거(국제 대회 2위 이상, 국내 대회 1위 이상) 등을 일일이 확인했다. 별 단서도 없이 막연한 추정만 갖고 맨땅에 헤딩하는 심정으로 예술 요원들의 선발 과정을 하나씩 검증했다.

자료를 검증하다 보니 예술 요원으로 인정받는 결정적 관문인 '국제 대회 수상 경력'에 있어서 수상한 국제 대회가 너무 많다는 점이 눈에 들어왔다.

체육 부문의 경우, 올림픽, 월드컵, 아시안 게임 같이 대회 자체가 국민적 인지도가 있을 정도로 유명하고 공신력이 있는 데 반해 예술 대회는 너무 생소하고 모르는 경우가 많았다.

물론 예술·체육 요원으로 병역 혜택을 받으려면 제도상으로는 문화 체육 관광부 장관의 추천을 받아서 병무청장의 최종 승인을 얻도록 되어 있었다. 그렇다면 문체부는 이러한 검증자의 역할을 제대로 했을까?

이런 의구심 속에서 우연히 들어가 본 한 발레 대회의 공지 사항에서 게시물 하나가 포착됐다. 한국인 참가자에게 추가상(Additional Prize)을 수여한다는 내용이었다. 추가상이란 1등,

2등, 3등처럼 주최 측이 처음부터 공지한 상이 아니란 얘기다.

더 확인해 보니, 이 추가상은 대회가 모두 끝나고 일주일 뒤에 갑자기 홈페이지를 통해 추가 공지된 그런 상이었다. 말도 안 되는 결정이었다. 콩쿠르 대회에서 '추가상'이라는 표현도 생소했지만, 대회 시상식이 다 끝나고 추가로 상을 준다는 점이 선뜻 이해가 되지 않았다. 뭔가 냄새가 났다.

어떻게 이런 상으로 문체부 장관의 추천을 받아 병역 혜택을 받는 일이 가능했을까? 문제는 특별 추가상임에도 불구하고 상의 명칭에 '1등' (1st Prize for Pas de Deux) 이라는 표현이 들어가 있다는 점이었다. 대회에 1등과 2등을 차지한 다른 사람들이 있는 상태에서, 우리가 찾아낸 예술 요원은 '파드되 부문 1위'라는 타이틀을 받은 상황이었다.

파드되를 찾아라

여기서도 한 가지 고민은 발레 전문 용어였다. '파드되 1등' 이라는 표현이 도대체 무슨 말인지 아무리 찾아 봐도 알 수 없었다. '파드되'가 뭔지도 모르는 상태로 국정 감사장에서 이 문제를 제기할 수는 없었다. 너무 난감했다.

아무래도 조언을 해줄 전문가가 필요하다는 생각이 들었지만, 당최 주변에 발레 분야 전문가가 없었다.

고민 끝에 인터넷으로 무작정 주변 발레 학원을 검색하기 시작했다. 지도를 펴놓고 여의도 근처 발레 학원에 차례로 전화해서 원장님께 정중하게 부탁을 드렸다.

"국회의원 하태경입니다. 병역 비리 실태를 추적 중인데 발레에 대해 전문 지식이 없습니다. 자문을 좀 해주십시오."

한 곳의 발레 선생님이 흔쾌히 협조를 약속해 주셨다.

"선생님, 일단 파드되가 뭔지 좀 가르쳐 주십시오."

나는 실례를 무릅쓰고 발레 학원에 찾아가서 이런 저런 의문점들을 직접 물어보았다. 그리고 그 만남을 계기로 원장님으로부터 우리나라 발레 부문의 현실과 무용협회의 실태 등 업계 내부의 진솔한 얘기를 많이 들을 수 있었다. 경찰 수사로 치면 '무작정 탐문 수사'로 상당히 중요한 단서를 얻은 것이었다.

'파드되'는 남녀 혼성이라는 뜻이었다. 상의 정식명칭, 퍼스트 프라이즈 폴 파드되(1st Prize for Pas de deux)는 자기가 단독으로 1등을 받은 것이 아니고 대상을 받은 여성 발레리나와 혼성 발레를 했다는 이유로 파드되 부문 1등상을 받은 것이다.

원래 그 대회는 대상과 1등까지만 병역 혜택이 돌아가는데 이 사람은 일종의 특별상을 받은 것이었다. '1등'이라는 글자만 들어가면 병역 특례를 받을 것으로 생각했던 것일까? 어떤 이유에선가 갑자기 추가상을 받았고 상의 이름이 '퍼스트 프라이즈'였던 것이다. 추가로 확인해 본 결과 '파드되 부문'조차 원래 공지된 것도 아니었고 대회 주최 측이 특별히 만들어 준 것이었다. 한마디로 이름만 1등인 그런 상이었다.

자료 원본을 파악하라

늘 그렇듯이 단서를 발견한 다음에는 항상 부처 공무원들과 피말리는 실랑이가 이어진다. 외부에서 보기와는 달리 국회의원의 의정 활동 과정에는 정부 부처 공무원들의 온갖 기만과 허위를 밝혀내기 위한 힘겨루기가 필수적이다. 국회가 법을 만드는 입법 기관인 동시에 행정부를 견제하는 감독 기관이기 때문에 벌어지는 숙명 같은 일이다.

일단 책임 추궁을 위해 문체부에 먼저 따졌다. 병역 특례를 관리하는 곳은 병무청이지만, 예술 요원의 자격 적합 여부는 문체부가 판단하므로 자격이 안 되는 상을 1등상으로 인정한 것은 문체부 책임이었다.

하지만 문체부는 끝까지 "문제가 없다."라고 주장했다. "추가상이란 말이 좀 이상하긴 하지만 어쨌든 해당 대회 주최 측이 결정한 상이기 때문에 우리는 그에 대해서 뭐라 할 수 없다."라는 것이 문체부의 논리였다.

문체부 공무원들에게 해당 상(賞)을 제대로 확인했는지 물었더니 "충분히 확인했다."라는 답변이 왔다. "확인한 자료를 갖고 오라!" 했더니 대회 주최 측과 주고받은 e메일을 번역해서 가져왔다. 내용인 즉, "대회 심사위원단은 공식적인 상 목록에 있지 않은 상을 수여할 권한이 있으며, 그 상들은 다른 상들과 동등한 가치를 갖는다."라는 답변이었다.

하지만 아무래도 석연치 않았다. 이번에는 영어 원문도 가져오라고 했다. 역시나 번역에서 중요한 내용을 누락시킨게 들통났다. 영어로 온 e메일 원문에는 해당 추가상이 '비경쟁 부문의 상'이라는 내용이 있었다. 비유하자면 우등상이 아니라 특별상이라는 뜻이다. 문체부는 이 내용은 쏙 빼고 동등한 가치의 상이라는 의례적 수사만을 번역본에 적어 온 것이었다. 의원실이 이런 간단한 사실조차 확인하지 않고 그냥 넘어갈 것으로 생각했다는 점이 어이없었다.

문체부는 왜 병역 비리를 감싸고도는 걸까? 이해관계가 있다기보다는 관료 조직 자체의 관성으로 보였다. 기관으로서 자신들이 일단 무엇인가를 확인해 주었기 때문에 그 이후로는 문제가 발생해도 일단 자기 정당성을 계속 고집하는 것이다. 내용이 너무나 명확했지만, 문체부의 태도는 완강했다. 더구나 당시 우리는 야당이었다. 문체부는 잘못을 인정하지 않고 버티기로 일관했다.

보통의 경우 국회의원은 갑질을 하면서 대우 받는 존재로 알려져 있지만 부처와의 관계는 전혀 그렇지 못하다. 의원실에서 모든 증거를 다 들이밀어도 부처의 자세는 너무나 뻔뻔했다.

국회의원이 명확한 증거를 대면서 문제를 제기해도 이 정도인데 일반 국민이 민원을 넣으면 얼마나 성의 있게 받아줄까? 그런 의문이 들 정도였다.

결국 우리는 국정 감사 종료와 동시에 만들어진 '병역 특례 개선 소위'까지 이 사안을 가져갔다. 결국 "추가상으로 병역 혜택을 받는 것은 문제가 있다."라는 답변을 문체부와 병무청으로부터 받아냈고, 해당 예술 요원의 편입 취소 결정까지 끌어낼 수 있었다.

무용계를 뒤집어 놓은 국회의원

이 사건에서 한 가지 짚고 넘어갈 부분은 '무용 협회'였다. 문체부와 병무청이 이 상의 '1등' 자격을 인정해준 배경에는 무용 협회가 '입상 확인서'를 써주었기 때문이다.

무용계에는 '선생님 문화'가 있었다. 스승과 제자 사이에 거의 주종 관계에 준하는 강력한 상하 관계가 있다. 일단 제자가 되면 가족보다 더한 대우를 해준다. 그 때문에 자기가 봐주는 제자에게 국립 발레단부터 시작해서 병역 특례까지 종합 컨설팅을 해주는 경우도 있다고 한다.

입 상 증 명 서

성 명 :

주민등록번호 :

주 소 :

　상기인은 올해(2016) 개최된 Helsinki International Ballet Competition 2016(헬싱키
국제발레콩쿠르)에서 다음과 같이 입상하였음을 증명합니다.

- 다 음 -

가. 행 사 명 : Helsinki International Ballet Competition 2016

나. 일 시 : 2016년 5월 23일-6월 2일

다. 장 소 : Finnish National Opera and Ballet Almi Hall

라. 수상내역 : 1st prize for Pas de Deux

2016 년 6 월 22 일

사단법인 한국무용협회 이사장

우리는 종종 한국이 해외 발레 대회에서 우승했다는 소식을 듣곤 한다. 물론 진짜 실력 있는 선수가 공인된 대회에서 큰 상을 받기도 한다.

하지만, 아예 처음부터 특정인의 병역 특례를 노리고 해외 콩쿨 대회가 만들어지기도 한다. 이름은 해외 대회이지만 사실은 한국인이 주최하는 경우도 있고, 병역 혜택을 받은 뒤에는 아예 대회 자체가 없어지는 일도 있다. 명목상 외국에서 개최되는 국제 대회인데 정작 관객과 참가자를 모두 합쳐 한국 사람만 10여 명 정도 모여 치른 사례도 있다고 한다. (이런 것까지 다 밝혀내지는 못했지만) 전직 여행사 대표가 국제 대회를 만들고 병역 혜택을 필요로 하는 선수들을 대상으로 대회 참석 항공권과 숙박 호텔까지 패키지로 영업한다는 제보가 들어오기도 했다.

결국 병역 비리를 파고들었던 우리의 노력은 의도치 않게 무용계 전체를 발칵 뒤집어 놓은 꼴이 되고 말았다. 무용협회장을 국회 청문회에 증인으로 불러 병역 특례 문제를 집중적으로 제기하는 일이 벌어지자 문체부는 무용계와 별도로 간담회를 열기도 했다. 나중에 이 간담회 자리에 참석했던 한 분이 당시 분위기를 전해주기도 했다. 전언에 따르면, 간담회 자리는 하태경에 대한 무용계 인사들의 성토장을 방불케 했다고 한다.

"하태경 때문에 무용계가 발전을 못 하고 있습니다. 해운대 내려가서 낙선 운동을 합시다!"

공무원이 만든 것은 백지라도 받아낸다
SH 분양 원가 은폐 사건

국회에서 하는 토론회나 연구 사업의 경우, 대개 주최하는 국회의원이 속한 정당과 정치적 코드가 맞는 전문가를 중심으로 진행되는 것이 일반적이다. 하지만 진영 코드에 과도하게 집착할 경우, 사고의 폭을 협소하게 하고 전략과 행동을 스스로 제약하는 문제가 있다. 이런 문제 때문에 우리는 되도록 진영적 사고에 갇히지 말자는 판단을 갖고 있었다.

청년 문제, 부동산 문제가 바로 그랬다. 〈요즘것들연구소〉가 한참 청년 문제를 고민하고 있을 무렵의 일이다. 우리는 당시 문재인 정부의 부동산 정책이 청년 문제와 깊은 관련이 있다고 생각하게 되었다.

그때 눈에 띈 것이 당시 경제정의실천시민연합(경실련) 김헌동 부동산 건설 개혁 본부장의 인터뷰 기사였다. 김헌동 본부장은 "문재인 정부가 아파트 값 관련 통계를 축소하고 있다!"라는 충격적인 주장과 함께 "청와대 인사들의 집값이 6억에서 10억 가까이 올랐다!"며 정부를 향해 아픈 지적을 쏟아냈다.

그의 비판은 문재인 정부에만 국한되지 않았다. 그는 노무현, 박근혜 정부를 망라해 그동안 누적되어 온 부동산 거품 문제를 지적했고, 부동산 소비자의 관점에서 '분양 원가 공개' '후분양제 도입'과 같은 과감한 대안을 제시했다.

나는 김헌동 본부장의 주장을 심도 깊게 들어볼 가치가 있다고 생각했다. 경실련은 그동안 보수 쪽과는 거리가 있는 시민 단체였지만, 부동산 문제 해결에 좌, 우가 따로 없고 보수, 진보가 있을 수 없었다. 일단 경실련에 연락하여 김헌동 본부장에게 국민의힘 행사에 참석해서 부동산 관련 강연을 해달라고 요청했다.

하지만 당시 경실련은 우리 의원실로부터 전화를 받고 당황하는 기색이 있었다. 경실련은 주로 재벌 개혁이나 소비자 주권을 강조하는 입장으로 보수 정당과 자주 충돌해 왔다. 그런데 갑자기 하태경 의원실에서 전화를 걸어 부동산 강의를 요청하자 '의중이 뭐냐?'며 다소 경계의 시각을 보였던 것이다. 보좌진은 차분하게 설명했다.

"부동산은 인생에서 가장 중요한 구매 행위입니다. 청년들이 이 선택에 큰 어려움을 겪는다면 대한민국 미래가 어두울 것입니다. 우리는 당파적이지 않고 중립적인 시각에서 부동산 정책의 문제점을 진단하고 대안을 논의하려 합니다."

그러자 김헌동 본부장이 마치 우리를 채찍질하듯 말했다.

"그런 일이라면 경실련에 직접 찾아오세요. 하루 이틀에 끝날 일이 아닙니다. 한 달은 공부해야 내가 계속 도와주지! 내가 뭘 믿고 하 의원실을 도와줍니까? 혜화동으로 오세요."

이번에는 우리가 당황했다. 일반적으로 강연 요청을 하면 내부에서 검토 후 "예." 또는 "아니오."의 결정만 받아서 행사를 준비한다. 그런데 갑자기 '혜화동 과외'라니? 서로 바쁘고 시간도 부족한데... 적당히 거절의 의미로 받아들이고 포기할 수도 있었다. 하지만, 우리는 오기가 생겼다. 부동산 문제를 중립적인 시각에서 해결하고자 하는 진심을 보여주고 싶었다.

오라니까 진짜로 왔네?

2021년 1월, 추운 겨울날, 우리 의원실 보좌진 두 명이 경실련 본부가 있는 종로 혜화동을 찾았다. 김 본부장은 전화 통화에서는 까칠했지만 실제로 우리가 경실련을 찾자 따뜻하게 맞아 줬다. 아마 '이놈들이 진짜로 왔네?'라고 생각할 지도 모를 일이었다. 어쨌든 그때부터 우리는 경실련 1층에 위치한 강당 한 귀퉁이에서 부동산 정책 과외를 받기 시작했다. 서울 집값이 정책에 따라 어떻게 변화하는지, 얼마나 상승하는지, 그리고 부동산 시장을 억제하고 활성화하기 위해 도입했던 분양가 상한제가 시대마다 어떻게 적용됐는지 그 역사부터 세세하게 공부하기 시작했다.

김 본부장의 견해 중에 놀라운 점은, 그가 이명박 정부가 추진했던 '반값 아파트 정책'을 매우 긍정적으로 평가한다는 점이었다. 그동안 보수 정당이 부동산 정책 하나만큼은 정말 잘했는데 핵심 정책을 폐기하면서 이렇게 망가진 것이라고 비판했다. 그가 말한 핵심 정책은 '분양가 상한제'였다. 부동산 폭등을 강제로 제어할 수 있는 수단은 분양가 상한제밖에 없었는데 2015년 박근혜 정부 당시 경기 활성화를 이유로 이를 폐지하면서 부동산 정책이 파탄 났다는 것이다.

실제 통계에서도 분양가 상한제 폐지 이후 부동산 가격은 크게 올랐다. 이런 맥락에서 문재인 정부의 부동산 정책 실패에는 보수 정당의 책임도 있다는 것이 그의 논리였다.

이 지적은 매우 타당해 보였다. 그 길로 우리는 김 본부장의 제자가 되기로 했다. 불철주야 부동산 법을 뒤적이며 머리를 맞대고 정책 대안을 모색했다.

자료 확보의 비결, 은근과 끈기

그렇게 몇 주가 흘렀을까? 의원실 보좌진이 경실련으로 이직한 게 아닐까 의심이 들 무렵이었다. 하루는 김 본부장이 우리에게 "그러면 하태경 의원실이 경실련 일 좀 도와주세요."라고 부탁을 했다. 우리가 경실련 문하생으로 들어간 이후 처음 전해진 요청이었다.

"SH[20]가 추진하는 마곡 지구 주택의 원가 자료를 좀 받아줄 수 있습니까?"

이 자료는 사실 경실련도 포기하고 있던 자료였다. 경실련은 이 자료를 받아 내려고 소송까지 벌이고 있었는데 SH가 '잃어버렸다'면서 제출하지 않았다. 경실련은 우리에게 자료를 받아 달라고 요청하면서 한편으로는 크게 기대하지 않는 눈치였다.

"아마 안 줄 거예요. 다른 의원실에 부탁해 봤는데도 SH가 사옥을 이사하면서 자료를 분실했다고 하더라고요. 소송까지 했는데 자료 받는 건 크게 기대 안 합니다. 할 수 있으면 해 보시겠어요?"

"자료를 내놓지 않는다."라는 말은 우리가 가장 싫어하는 말이지만, 동시에 가장 좋아하는 말이다. 우리의 투지와 열정을 불태우기 때문이다. 행정 기관이 감추고 싶은 자료는 굳이 받아내고,

---

20 서울주택도시공사. 1988년 서울시 조례에 따라 설립되어 서울특별시 내의 택지부지를 개발하거나 무주택자를 위한 임대주택 공급 기능을 주로 수행한다. 서울 시내 곳곳에 택지와 주택 등 거대 자산을 보유한 우리나라 최대의 지방공기업이다.

받아낸 다량의 자료에서 신속하게 핵심을 뽑아내는 것이 의원실의 능력이다.

"공무원이 만든 문서라면 백지라도 받아낸다."라는 원칙에 따라 우리는 경실련과 약속했다. 반드시 자료를 받아 내겠다고.

물론 국회의 감독을 받는 공공 기관이 이 핑계 저 핑계 대면서 자료 제출을 회피하면 의원실 입장에서도 자료를 받아 내기 어려운 경우가 많다. 많은 경우 적당히 요구하다가 잘 받아들여지지 않으면 흐지부지되거나 아예 자료 요구를 포기하는 경우도 많다.

그러나 경실련 요청 자료는 부동산 실태 분석에 꼭 필요한 자료로 보였다. 행정 기관이 주기 싫어하는 자료를 손쉽게 확보하는 '신박한 기술'은 없다. 그냥 한번 찔러 보고 안 주면 땡 치는 식으로는 고급 자료를 받아낼 수 없다. 이쪽으로 찔러 보고, 저쪽으로 찔러 보고 받을 때까지 찔러 봐야 한다. 자료 요구서를 보내고, 수시로 통화하고, 관계 공무원을 소환하기도 한다. 심할 때는 기관을 직접 찾아가서 사실상 1인 시위를 하며 자료를 받아 내기도 하고 기관장을 불러 내 담판을 짓는 경우도 있다.

그렇게 은근과 끈기를 갖고 지속적으로 노력하면 길이 열린다. 나는 장 비서관이 SH와 하루 종일 전화통을 붙들고 있는 모습을 보며 아무래도 조만간 뭔가 터질 것 같다고 직감했다.

입이 벌어진 김헌동 본부장

경실련이 받기 힘들 것이라던 자료는 결국 이런 식으로 우리 손에 들어왔다. 일부 부족한 부분이 있었지만, 핵심 내용은 모두 제출 받았다.

우리가 자료를 구해 주자 경실련의 김헌동 본부장은 놀라움을 감추지 못했다. 몇 년 동안 해당 정보를 얻기 위해 소송까지 벌였는데, 의원실이 한 달 만에 자료를 확보해서 갖다 주니 김헌동 본부장은 입이 벌어졌다. 그는 허탈해 하면서도 감탄했다. 그 뒤로 우리는 부동산 문제만큼은 경실련과 한 팀이 됐다.

2021년 3월 4일, 우리는 제출 받은 자료를 바탕으로 경실련과 함께 공동 기자 회견을 열었다. SH가 분양 원가 자료를 은폐했다는 내용이다. 이 뉴스는 당시 LH사태[21]로 문재인 정부의 부동산 정책에 공분이 커진 상태에서 세간의 관심을 끌었다.

여론의 압박이 거세지자 SH도 머리를 숙이고 사실상 자료 은폐를 인정했다. 서울시 감사실도 이 사건을 특별 감사했고 SH에 대한 조치를 요구했다. 우리의 완승이었다.

경실련과 우리는 그 뒤로도 많은 부분에서 협업을 이어갔다. SH 장기 공공주택 보유 현황을 함께 분석하며 공공주택의 문제점을 진단하기도 했다. 또 김종인 전 비대위원장과 함께 경실련

---

21 2021년 3월, 한국토지주택공사(LH) 직원들이 자사의 신도시 사업계획과 관련된 정보를 이용해 집단적으로 부동산 투기를 한 의혹이 참여연대 등에 의해 폭로된 사건이다. 이 사건은 얼마 뒤 치러진 서울시장 재보궐선거에서 승패를 가르는 중요한 이슈가 되었다.

을 찾아 정책 협의를 추진하기도 했다.

　국민의힘은 박근혜 전 대통령의 탄핵 이후 이어진 선거에서 연속적인 패배를 겪고 수렁에 빠져 있었지만 문재인 정부의 부동산 정책 실패는 보수 정당이 다시금 국민 속으로 들어갈 수 있는 계기를 만들어줬다. 김헌동 본부장과의 만남은 그와 같은 반전의 시발점이 되었다. 민생에 호소한 우리의 전략은 결과적으로 성공을 거두었고 국민의힘은 서울시장 재보궐 선거에서 승리를 거뒀다.

　김헌동 본부장은 이후 오세훈 시장이 복귀한 서울시에서 SH 사장으로 임명됐다. 불과 얼마 전까지 SH 자료 은폐를 비판하며 개혁을 요구했던 그에게 진정한 개혁의 기회가 주어진 것이다.

김헌동 사장은 언젠가 우리와 지난 일들을 추억하면서 이 자리에 올 수 있었던 것은 마곡 지구 원가 자료를 찾아준 덕분이라고 고마워했다. 그러나 이는 사실이 아니다. 한평생 부동산 개혁을 위해 헌신했던 그와 경실련이 만들어낸 열정의 결과다. 그 업적에 우리가 작은 퍼즐 하나를 찾아 줬을 뿐이다.

시민 단체는 권력을 감시하고 정부 여당은 여론의 비판을 최대한 방어해야 하는 불편한 관계에 있다. (그 사이에 국민의힘은 여당이 되었다.) 그래서 우리는 어쩌면 나중에 경실련과 맞서는 입장이 될지도 모른다. 하지만 우리는 안다. 대한민국의 발전을 위해서는 시민 사회와 권력 기관 사이의 긴장 관계가 아주 중요하다는 사실을. 그 경쟁을 통해 혜택을 입는 진짜 승자는 바로 국민이기 때문이다.

김헌동 사장은 본인이 평생 주장해 온 분양 원가 공개와 후분양제 도입 등을 착실히 준비하면서 SH를 잘 이끌고 있다. 결과적으로 서울의 집값은 안정을 찾아가고 있다. 참 기쁜 일이다.

후일담, 김헌동의 의심은 팩트였다

앞서 언급했듯이 김헌동 SH사장은 2019년부터 문재인 정부의 통계 조작을 의심했다. 그는 "문재인 대통령이 우리나라가 OECD 중 가장 집값이 덜 오른 나라라고 말했지만 청와대 참모들의 재산을 조사하니 집값이 42퍼센트씩 오른 것을 보며 대통령이 참모들에게 속고 있다고 생각했다."라며 자신이 통계 조작을 의심하게 된 계기를 설명하기도 했다.

이러한 김헌동 사장의 통계 조작 의혹은 나중에 거의 사실로 드러났다. 2023년 9월. 감사원은 '문재인 정부가 집값 그리고 소득 관련 통계를 정부에 유리하게 조작했다'며 장하성 전 청와대 정책실장 등 문재인 정부 인사 22명에 대한 검찰 수사를 요청했다. 감사원은 부동산 통계 관련, 4년 간 94차례 조작이 있었다고 구체적인 수치까지 밝혔다.

감사원에 따르면 문재인 정부 당시 김상조 청와대 정책실장은 국토부를 향해 "적극적으로 감정원(한국부동산원)의 우수한 통계를 홍보하세요. 경실련 본부장이 날뛸 때 강하게 반박하라는 말입니다."라며 따졌다고 한다. (이때 나온 '날뛰는 경실련 본부장'이 바로 김헌동 현 SH 사장이다)

통계 조작은 매우 심각한 문제다. 그리스, 아르헨티나 등의 나라들도 통계 조작 논란으로 국가 신용도가 추락하고 결국 국제통화 기금(IMF)의 구제 금융을 받는 지경에 이르렀다. 통계 조작으로 국가의 현실 인식이 왜곡되고 전략적인 방향 설정 전체가 잘못될 수 있기 때문이다. 이 때문에 국회는 문재인 정부의 통계 조작 의혹 이후, 통계청의 독립성·중립성을 보장할 '통계조작방지법'을 논의하고 있다.

3부

고통의 시간을
함께하다

북한을 두 번 탈출한 남자
탈북 한국인 구출 사건

내가 국회의원이 되어 큰 보람을 느꼈던 대목이 있다. 곤경에 빠진 탈북자들을 중국에서 빼내 오는 일에 작으나마 도움이 될 수 있었던 것이다.

북한 인권 운동 NGO 활동가였던 내가 국회의원이 되고자 했던 가장 큰 이유는 중국에서 좀 더 실질적인 북한 인권 운동의 목소리를 내고 싶었기 때문이었다. 미국이나 유럽에서는 NGO 활동가 신분으로도 북한 인권 활동을 하는데 별 문제가 없었다. 그러나 중국에서는 얘기가 달랐다. 중국에서 시민 단체 활동가는 전혀 발언권이 없었고, 문제를 제기할 힘도 없었다.

생지옥을 두 번 탈출한 남자

탈북자 김광호 씨는 두 번이나 북한을 탈출한 인물이다. 그는 2009년 8월 아내와 함께 탈북해 한국에 정착했다. 이것이 그의

1차 탈북이었다. 그러나 아무래도 북에 두고 온 나머지 가족들이 눈에 밟혔다.

2012년 10월, 그는 결심을 굳히고 남은 가족을 데려 오기 위해 북한으로 다시 들어갔다. 중국 선양의 북한 영사관을 통한 재입북이었다. 그렇게 다시 북한으로 돌아간 이상 북측에 협조하는 척 했다. 김광호 씨는 조선중앙TV에 출연해 대한민국을 비방하는 등 체제 선전에 동원됐다.

그렇게 본심을 숨기고 가족을 만난 김광호 씨는 6개월여 만인 2013년 6월, 아내와 한 살배기 딸, 그리고 처제와 처남을 데리고 또 다시 탈북했다. 두 번째는 쉽지 않았다. 재(再)탈북까지는 성공했으나 연변의 중국 공안에게 체포된 것이다.

상황이 이렇게 되자 북한은 김광호 씨 가족을 무조건 북으로 압송하기 위해 보위부 특별 대표단을 중국에 파견하기까지 했다. 우리 정부도 김광호 씨 가족에 대한 영사 면담을 중국 측에 요구하며 맞대응을 시작했다. 김씨의 신병 인도를 둘러싼 남·북한 간 대중 외교 전쟁이 벌어진 것이다. 그것은 강제 북송이냐, 한국행이냐 라는 갈림길에서 김씨 가족의 생사가 달린 외교전이었다.

나는 기자 회견을 통해 김광호 씨의 무사 귀환을 위한 정부의 노력을 촉구했다.

"김씨 가족은 대한민국 어디서나 주민등록등본을 발급받을 수

있는 대한민국의 국민입니다. 이들이 이번에 다시 북으로 끌려
가면 일가족 모두 목숨을 보전하기 어려울 것입니다. 외교부는
어느 때보다 신속한 대응을 통해 이들의 석방과 무사 귀환을 위
한 노력을 다해야 합니다."

김씨 부부는 2009년 첫 탈북 때 한국에 들어와 한국 국적을 취
득했기 때문에 틀림없는 우리 국민이었다. 이들이 북한에 끌려
가도록 방치한다면 그것은 국가의 책무를 외면하는 것이라는 논
리를 폈다. 정치권에도 호소했다.

"우리 국민을 보호하는 일은 여야를 떠나 모든 정치권의 첫 번
째 의무입니다. 여야를 떠나 김씨 가족을 구출하는 일에 정치권
이 모든 노력을 다합시다."

ⓒ 연합뉴스

중국 부주석을 만나다

2013년 7월, 내가 속한 한중 의원 외교 협회가 중국 공산주의 청년단 초청으로 중국을 방문했다. 이 때 나는 리위안차오(李源潮) 중국 부주석을 만난 자리에서 김광호 씨와 가족들의 석방을 직접 요구했다.

"김광호 씨는 이미 한국에서 주민등록증을 발급받은 한국 국민입니다. 지금 중국이 한국인을 구금하고 있습니다. 풀어 줘야 합니다."

대한민국 국회의원이 중국 최고위급에게 탈북자를 풀어 달라고 직접 요구한 것은 전례가 없는 일이었다. 중국에서 탈북자 문제는 보통 외교부 차관급에서 전결 처리된다. 부주석에게까지 보고가 올라가는 경우는 거의 없다. 그런데 한국의 국회의원이 대뜸 이 문제를 제기하니, 부주석은 그 자리에서 "알아보라"며 지시를 내렸다. 풀어 주는 쪽으로 방향을 잡은 것이다.

결국 몇 달 뒤 김광호 씨는 한국으로 송환되었다. 이로써 중국이 북한의 송환 요구를 거부하고 한국으로 보낸 첫 한국 국적의 탈북자가 되었다.

그러나 분단의 현실 속에서 경계인의 삶을 살아야 했던 김광호 씨는 송환 이후 한국에서 유죄 판결을 받아야 했다. 검찰은 김광호 씨가 북한에 재입북 했을 당시, 북한의 보위부에 우리나라 국가 정보원 합동 신문 센터의 조사 방식과 하나원의 교육 내용, 한국에서 알게 된 탈북자 23명과 자신을 담당한 경찰의 인적 사항 등 정보를 제공했다고 판단했다. 결국 국가 기밀 누설과 북한 체제 찬양 혐의(국가보안법)가 적용되어 실형을 살고 출소했다.

"혜산은 거의 탈북했습니다"

최근(2022년 가을)에도 중국에서 풀려난 탈북자 가족이 있었다. 이 가족의 역사는 일제 강점기까지 거슬러 올라간다. 이 가족의 원래 고향은 경남 창원이었다. 일제 시절, 조부께서 돈을 벌기 위해 일본으로 건너갔다가 아예 일본에 정착했다. 그리고 해방 이후에, "북한이 잘 산다."라는 말만 믿고, 온 가족이 북송선에 올랐다. (당시는 이런 식으로 재일 교포들 중에 북한으로 건너가는 사례가 많았다)

그런데 북송선을 타는 순간부터 부익부 빈익빈의 차별이 발생했다. 북한 정권에 돈을 많이 기부한 사람은 평양으로 배치를 받고, 북한 정부에 기부금을 별로 내지 못한 가난한 사람들은 변방이자 중국과의 접경지인 '혜산'으로 거주지를 배정받았다. 그렇게 혜산에 정착한 부모님은 두 아들을 낳았고 그중 형은 의대를, 동생은 김일성대학을 다녔다.

그러다가 의사인 형이 먼저 탈북해 한국에 정착했다. 한참 세월이 흐른 뒤에는 동생과 부모님이 추가로 탈북했는데 이들은 중국에 숨어 있던 중에 공안에 발각되어 연길의 감옥에 갇히는 신세가 되었다.

내가 이 가족의 딱한 사정을 알게 된 것은 먼저 탈북해 있던 큰아들한테 "도와 달라!"라는 요청을 받았기 때문이었다. 김광호 씨 사건 때처럼 직접 중국 당국에 석방을 요구할 수는 없었지만 한국의 외교부와 미 국무부까지 동원해 다각적인 노력을 기울였다. 내가 이 때 제기한 논리는 "이 사람들은 한국 국민의 가족이므로 역시 한국인"이라는 점이었다.

가족이니까...

탈북자들 중에는 가족이나 친척 중에 한 사람이 먼저 탈북해 한국에 자리를 잡고 나중에 연락을 해서 나머지 가족들을 추가로 탈북시키는 경우가 많다. 이 경우 역시 그랬다. 북한에서 의대를 다니던 형은 한국에 온 뒤로 또 의사 시험을 봐서 의사로 활동하며 나머지 가족들을 추가로 탈북 시켰다.

그래서 한국 국민의 가족 역시 한국 국민이라는 논리는 향후 중국과의 관계에서 탈북자 문제가 이슈로 떠오를 때마다 내가 단골로 사용했던 논리다.

얼마 전 나는 우여곡절 끝에 서울에서 다시 만난 이 가족들을 국회로 초대해 함께 식사를 했다. 그때 얘기를 들어보니 혜산에는 탈북자가 너무 많아 인구 감소가 눈에 띌 정도였다고 한다.

"혜산사람들은 거의 탈북했습니다. 특히 제 또래들은 잘 안 보일 정도입니다."

혜산은 압록강변에 접하고 있어 중국으로 탈출하기가 어렵지 않은 지역인데, 그 바람에 눈에 띌 정도로 탈북자가 많았던 것이다. 우리는 그 정도로 탈북자가 많으면 '재경 혜산 향우회'를 해도 되지 않겠냐며 농담을 했다.

탈북자 출신 1호 변호사

탈북자 지원 사례 중에 유독 기억에 남는 소년이 있다. 2001년경 중국에서 만난 어느 탈북 소년이다. 당시 그 아이는 중학생이었는데 놀랍게도 중국인으로 신분을 숨긴 채 중국 학교를 다니고 있었다. 나는 그 아이에게 공부도 가르치고, 컴퓨터도 가르치고, 심지어는 이렇게 살아야 된다는 인생 교육까지 하며 은밀히 지원을 계속했다.

아이는 나중에 한국에 들어왔고 탈북자를 위한 대안 학교를 다녔다. 그렇게 고등학교 졸업 후에 법대와 로스쿨을 거쳐 변호사가 되었다. 탈북자 출신 1호 변호사였다.

그는 지금 국민의힘에서 '북한 인권 특위' 부위원장을 맡고 있다. 그의 의젓한 모습을 볼 때마다 '북한 인권' 문제를 정치적 사명으로 여기며 살았던 지난 삶에 보람이 느껴진다.

잘 들어주는 것만으로도 위로가 된다
마린온 헬기 추락 사건

2018년 7월 17일. 포항에서 해병대 소속 마린온 헬기 1대가 시험비행 도중 추락했다. 해병1사단 대원 5명이 사망하고, 1명이 중상을 입는 큰 사고였다. 공교롭게도 사고가 터진 날은 내가 국회 국방위원회 위원으로 상임위 소속이 바뀌고, 아직 첫 번째 국방위 회의도 열리기 전이었다.

해병대 헬기가 추락했다는 소식을 듣자마자 나는 일단 포항으로 무작정 내려갔다. 사고 현장에 도착해 보니 기체 잔해인 큰 프로펠러도 아직 치우지 못했을 정도로 현장 정리가 이루어지지 않은 상태였고, 군 관계자 외에는 내가 제일 먼저 달려온 상황이었다. 내가 도착하고 나서 얼마 후에 유족들이 하나 둘씩 현장에 도착했다.

사실 나의 의정 활동 중에 많은 부분은 어떤 사고의 피해자나 유족들과 함께한 시간이었다. 예기치 못한 사고로 인해 어렵고 힘든 상황에 빠진 사람들 곁에서 작으나마 힘이 되어주는 일이 국회의원이 해야 할 중요한 임무라고 생각하기 때문이다.

　마린온 사건 당시에도 나는 사고 직후부터 장례 기간 내내 유족들과 많은 시간을 보냈다. 상처 받은 유족들과 진심으로 함께하기란 쉽지 않다. 무엇보다 어려운 것은 그분들이 분노와 슬픔으로 가득 차 있는 심리 상태라는 점이다. 그 마음을 받아주면서도 합리적으로 문제 해결 방안을 찾아가는 것은 힘든 일이 아닐 수 없다.

　하지만 나는 마린온 사건 초기, 유족들의 신뢰를 얻을 수 있었다. 일단 유족들보다 내가 먼저 현장에 도착했다는 사실에서 약간의 진심이 전해진 것 같았다. 그 덕분에 이후 진상조사위원회 구성이나, 사고 수습 과정에서 유족들은 다른 군 관계자들의 말은 안 들어도 내가 이야기하면 듣고 참아 주는 일이 많았다.

　사고 수습 과정에서 내가 특별히 무엇인가를 명쾌하게 해결한 것은 없었다. 내가 주력했던 일은 사고 소식을 듣고 제일 먼저 달려가서 유족들과 함께하며 그들의 얘기를 들어 주고 위로를 건네는 일이었다.

이런 참사를 겪은 유족들에게는 무엇보다 가슴에 맺힌 얘기를 할 수 있게 발언대를 만들어 주는 것이 필요하다. 기자 회견이라도 잡아 주면 답답하고 꽉 막힌 유족들의 심정을 조금이라도 풀어 주는데 큰 도움이 된다.

나는 국회 기자 회견장에서 유족들이 별도의 기자 회견을 할 수 있도록 장소를 잡아 주고[22] 국정 감사장이나, 당 지도부 회의 때도 유가족에게 마이크를 드리고 그분들의 입장을 전할 수 있도록 노력했다.

희생자 중 유일한 일반 사병이었던 고(故) 박재우 병장의 유족과 특히 많은 얘기를 나누었다. 박 병장의 작은 아버지인 박영진 변호사와는 지금까지도 자주 교류를 한다. 박 변호사는 나에게 "하태경은 평생 못 잊는다."라는 얘기를 몇 번이나 해주셨다.

눈물 흘린 보좌관

이런 사고를 당한 유족의 마음은 참으로 형언할 수 없는 상태가 된다. 고 박재우 병장의 고모는 의료인(현직 의대 교수)이다. 그래서 자신이 인턴 시절 병원에서 막 태어나던 박 병장을 직접

---

22 국회 기자 회견장은 국회의원만 사용 신청을 할 수 있으며 외부인이 기자 회견을 할 경우에는 반드시 의원이 함께 배석해야 한다.

받았고 그만큼 조카에 대한 애정도 컸다. 그런 박 병장의 고모에게 사고 이후 박 병장의 어머니인 올케가 전화를 걸어 이런 말을 했다.

"고모님. 자식을 보내 놓고도 배가 고프고, 밥이 넘어가는 내 몸뚱이가 너무 원망스러워요."

사람은 너무나 큰 고통과 시련을 겪으면 생리적으로 뭔가 다른 보상을 찾으려 하는 본능이 있게 마련이다.

아들을 먼저 보낸 어머니의 아픔이 어떠했을까? 그 아픔의 조각들이 모두 자괴감으로 이어진 부모의 마음은 또 어떠했을까?

박 병장의 어머니가 불의의 사고로 자식을 보내 놓고도 밥이 넘어간다는 이유로 스스로를 원망했다는 사연을 전해들은 의원실 보좌관은 한참 동안 눈물을 쏟았고 우리는 모두 유족의 슬픔이 그대로 전해지는 듯 가슴이 미어졌다.

수리온은 최고의 헬기?

그런데 사건의 대응 과정에서 다름 아닌 청와대가 유가족의 가슴을 아프게 하는 일이 수차례 발생했다. 그렇지 않아도 고통과 실의에 빠져 있는 분들을 더욱 힘들게 하는 일이었다.

청와대는 사고 다음날인 2018년 7월 18일, 정례 브리핑에서 이 사고가 기체 결함으로 인한 사고가 아님을 강조하며, "수리온의 성능은 세계 최고 수준"이라는 대변인 논평을 내놓았다.

헬기 추락으로 사람이 5명이나 사망했는데 사고가 나자마자 '세계 최고의 성능' 운운하는 홍보성 브리핑을 한 것이다. 유족들은 억장이 무너졌다.

청와대는 사고 원인이 밝혀지지도 않았는데 왜 그렇게 성급하게 홍보성 멘트를 던졌을까? 젊은 군인들이 5명이나 희생된 사건에 대해 왜 청와대와 국방부는 이런 이상한 태도를 보였던 것일까?

마린온은 육군이 운용하던 수리온 헬기를 해군용으로 개조한 것이었다. 그런데 당시 문재인 정부는 수리온 헬기의 필리핀 수출을 추진 중이었다. 이 때문에 정부 입장에서는 수리온과 관련된 모든 뉴스를 다 긍정적으로 포장하고 싶어 했다.

그런데 하필 그 시점에 마린온 사고가 터지니까 유족들에게 위로 전화를 하기는커녕 '수리온은 세계 최고'라는 황당한 브리핑을 했던 것이다.

선거 때는 '사람이 먼저다'를 내세웠지만, 헬기 수출 과정에서 협상력이 떨어질 상황이 되니 유족의 아픔은 아랑곳없이 언론 플레이에 나선 것이었다.

나는 분노했다. 청와대의 이상한 대응은 1년 전에 일어났던 영흥도 낚싯배 사고 때와는 전혀 판판이었다. 이 사고 직후 청와대는 대통령 주재 회의에서 참석자 전원이 묵념을 하고 대통령이 직접 구조 지시를 내리는 등 매우 신속한 대응을 보였다. 그러나 군인이 다섯 명이나 희생된 마린온 사건에 대해서는, 묵념은커녕 "수리온이 세계 최고"라는 성명을 낸 것이다. 참으로 가슴이 답답해지는 상황이었다. 화가 치민 나는 페북에 분노의 포스팅을 남겼다.

"사고 직후 청와대는 마린온에 문제가 없다는 대변인 성명을 발표함으로써 헬기 자체의 문제가 아니라 조종에 문제가 있는 것으로 몰아갔다. 심지어 조문도 제대로 하지 않았다. 무책임의 극치를 보인 청와대는 순직 장병과 유가족에게 머리 숙여 사과하라!"

유족에게 상처 주는 보훈처

미국은 복무 중에 사망한 군인들에게 최고의 예우를 다한다. 굳이 다른 나라의 예를 들 것도 없이 자신의 소중한 젊음을 국가에 바치는 위대한 헌신에 대해 국가가 누구보다 경건한 입장에서 최고의 예우를 다해야 하는 것은 지극히 당연하다.

그러나 마린온 사건의 수습 과정에서 보훈처는 씻을 수 없는 큰 과오를 남겼다. 보훈처가 행정 착오로 보상금을 잘못 지급했는데 이를 회수하는 과정에서 고 박 병장 유족에게 압류 예고와 유사한 통보를 날린 것이다.

보훈처는 마린온 헬기 사고로 숨진 박 병장 유족에게 4회에 걸쳐 '군인 사망 보상금 과오급 납부 독촉 및 재산 압류 예정 통지서'를 발송했다. 내용인 즉 보훈처의 실수로 군인 사망 보상금이 969만400원 초과 지급됐으니 이 액수만큼을 국가에 다시 납부해야 하며, 납부하지 않을 시 재산을 압류한다는 내용이었다.

문제는 자신들의 행정 착오에 대해 찾아가서 친절하게 설명을 하기는커녕 "실수로 얼마를 더 보냈으니, 이를 다시 토해내라! 반환하지 않으면 지연 이자까지 합쳐서 재산을 압류하겠다."라는 고압적인 통지서를 우편으로 발송한 것이었다. 이런 통지를 받은 유족의 심정이 과연 어땠을까? 생각해 보니 너무나 화가 나고 분통이 터졌다. (반면 유족들은 합동 영결식 때 모인 시민 조의금 5천만 원을 '해병대 장병들을 위해 써 달라'며 전액 군에 기부하기도 했었다)

나는 당장 보훈처장에게 전화를 걸어 항의했다. 결국 보훈처는 "과다 지급된 금액의 납부를 안내하는 과정에서 세심하게 배려하지 못해 유족께 상심을 끼쳐드린 점에 깊이 사과드린다."라고 사과의 뜻을 밝혔다.

사고 원인은 부품 결함

〈마린온 추락사고 민관군 합동 조사 위원회〉는 사고 5개월이 지난 뒤인 2018년 12월, "헬기가 로터마스트 부품 균열로 추락했다."라는 조사 결과를 내놓았다.

제조사 역시 "로터마스트 제조시 열처리를 공랭식으로 해야 했지만, 수랭식으로 하면서 균열이 발생했다."라며 잘못을 시인했다. 국방부는 같은 부품이 장착된 다른 헬기들을 대상으로 전수조사를 벌여 육군 수리온 기체 2대와 해군 마린온 기체 1대에서 동일한 결함을 발견하기도 했다. 사고 원인과 책임에 대해 부품사의 '부품 결함'이라는 최종 결론을 내린 것이다.

위령제 참석까지 막아선 정부

정부의 잘못은 또 있었다. 희생자 위령제에 대한 의도적인 축소 개최 의혹이 그것이다. 2019년 3월 희생자 위령탑 제막식 당시부터 정부 측은 행사 자체에 소극적인 모습을 보였다.

문재인 정부 시절, 나는 국회 국방위원임에도 불구하고 마린온 희생자 위령제에 참석하기가 어려웠다. 군 주최 측으로부터 여러 차례에 걸쳐 참석하지 말아 줄 것을 요청받았기 때문이다.

"왜 참석이 안 되냐?"고 묻자 "부대장 주관 행사는 외빈이 원래 못 온다."라는 황당한 답변이 돌아오기도 했다.

그것은 이해할 수 없는 태도였다. 위령제 참석을 독려하지는 못할망정 가겠다는 사람도 오지 말라고 하는 상식 이하의 행동이었다. 이 때문에 추모식 참석 건을 두고 의원실 보좌진과 군 주최 측 간에 상당한 실랑이를 벌이기도 했다.

"한 사람이라도 더 기억해 주고, 찾아와 주면 유가족 입장에서는 반길 일인데 대체 왜 막나?"라고 항의해 봤지만, 소용없었다.

비록 목숨을 잃었지만 모든 사람들이 그를 기억해 주고 생전에 훌륭한 삶을 살았음을 인정해 주면, 그 사실 하나로 군인에겐 명예가 될 수 있다. 이 사실을 누구보다 잘 알고 있을 국방부가 국회 국방위원의 위령제 참석을 막았던 것이다.

실랑이 끝에 결국은 억지로 참석을 하기는 했지만, 이번에는 보도 자료로 꼼수를 부렸다. 당시 지역 신문에 위령탑 제막식 기사가 실렸는데, 지역 단체장이나 다른 관계자들의 경우 구체적인 참석자의 실명이 표기되었지만, 국회의원만 '의원들'이라고 뭉뚱그려 표기가 되었던 것이다.

국회의원은 한 사람 한 사람이 헌법 기관이며 따라서 의원의 행사 참석은 그 자체로 하나의 공적 업무로 간주되어 의원의 실명이 기사에 표기되는 것이 일반적이다. 그런데 마치 유령이 왔다 간 것인 양, 누가 왔는지에 대한 정보도 없이 "의원들이 참석했다."라는 표현으로 보도가 나온 것이다. 누구의 의지인지 참으로 치졸하다는 생각이 들었다.

(당시 더불어민주당 소속 국방위원 7명은 한 명도 참석하지 않았는데 그 사실이 드러날까 봐 주최 측이 보도 자료에 '의원들'이라고 써서 배포했던 것이다)

나는 지금도 해마다 7월 17일이 되면 포항에 내려간다. 포항의 마린온 순직자 위령탑에서 열리는 공식 추모 행사에 참석하기 위해서다.

수 년 간에 걸친 각종 방해에도 불구하고 줄기차게 행사 참석을 강행한 결과 지금은 국방위 소속이 아님에도 불구하고 군에서 초청장을 보내 주고 있다. 2022년부터는 그전까지 참석하지 않았던 국방부 장관도 참석하기 시작했다.

마린온 순직자 위령탑

10인의 친구들, 기적을 만들다
윤창호법 이야기

　2018년 9월 25일. 휴가 나온 군인 한 사람이 음주 운전 차량에 치이는 교통사고를 당해 뇌사 상태에 빠졌다. 부산의 집 근처 횡단보도에서 신호를 기다리던 중 갑자기 인도로 돌진해 온 승용차에 치여 중상을 당한 희생자의 이름은 윤창호. 카투사에 복무 중이던 현역 군인이었다.

　생사를 헤매던 윤창호 씨는 40일 쯤 지난 11월 9일 끝내 사망했다. 고인은 생전에 법학 전문 대학원에 진학하여 법조인이 되겠다는 꿈을 갖고 있었다고 한다.

　안타까운 음주 운전의 희생자로 생을 마감한 윤창호 씨의 사고는 이후 우리 사회의 여론을 크게 흔드는 계기가 된다. 이 사고를 너무나 안타깝게 생각한 윤창호 씨의 친구들이 '음주 운전에 대한 처벌을 크게 높이는 법안'에 대해 입법 청원 운동을 시작했기 때문이었다. 윤창호 씨가 뇌사 상태에 빠지자 일단 그의 친구들은 청와대 청원 게시판 등 여러 곳에 글을 올렸다.

"음주 운전 교통사고로 친구 인생이 박살났습니다. 제발 도와주세요."

온라인 커뮤니티와 청와대 청원 게시판에 이런 글이 올라가자 분노한 국민들이 적극적으로 청원에 동참하기 시작했다. 언론도 윤창호 씨의 사고를 집중 조명하면서 음주 운전 문제의 심각성을 거론했다.

국회의원 전원에게 e메일을 보내다

더 중요한 것은 입법 청원 운동이었다. 9월 25일 사고 이후 윤창호 씨의 친구들은 청와대에 음주 운전 처벌을 강화해 달라고 청원을 하는 한편, 인터넷을 뒤져 자신들이 직접 '도로교통법과 특정범죄가중처벌법(이하 특가법) 개정안'을 만들었다. 그리고 이 법안을 통과시켜 달라며 300명 국회의원 전원에게 메일을 보냈다.

당시 국회는 9월 정기 국정 감사 시기였다. 의원들에겐 온갖 청원과 홍보 메일이 쏟아진다. 곧바로 휴지통으로 가는 e메일도 부지기수로 많다. 그런데 그렇게 쏟아지는 메일 중에 한 통의 메일이 내 눈에 들어왔다. 며칠 전 뉴스에서 접한 해운대 음주 운전 사고의 피해자인 윤창호 씨의 친구가 보낸 메일이었다.

나는 의원실 메일을 열심히 보는 편이다. 대개 보좌진도 함께 메일을 열람하고 별도로 보고도 받지만, 직접 민원 메일을 보면 훨씬 생생하게 상황 파악이 되기 때문이다. 그날도 의원실 e메일을 확인하던 중에 방금 도착한 메일이 눈에 들어왔다.

윤창호 씨 친구들의 메일은 간절한 호소의 내용이라기보다는 각종 통계와 자료를 근거로 제시하며 음주 운전 처벌을 강화하는 법률개정안의 필요성을 논리적으로 설명하고 있었다. 음주 운전은 재범률이 높아서 50퍼센트 가까이 된다. 즉 한번 음주 운전을 하게 되면 상습적으로 하게 될 확률이 높다. 따라서 처벌 수준을 크게 높여야 음주 운전을 줄이는 효과를 볼 수 있다는 주장이었다.

구체적으로는 3회부터로 되어있는 음주 운전 가중처벌을 2회부터 적용하며, 음주 운전 치사에 대해 '미필적 고의에 의한 살인죄'와 같은 수준으로 강력하게 처벌하자는 내용이었다.

그리고 메일의 끄트머리에는 윤창호 씨의 친구 10명이 함께 만든 이 법을 가칭 '윤창호법'으로 해달라는 요청이 있었다. 그것이 친구 창호가 이 사회에 뭔가 기여했음이 기억될 수 있는 길이라며...

메일을 읽자마자 가슴이 먹먹해졌다. 그리고 부끄러웠다. '오죽했으면 국회와 아무 상관도 없는 젊은 청년들이 법률안까지 만들어 이렇게 호소를 할까!' 나는 메일을 확인하자마자 곧바로 보좌관에게 전화를 했다.

"그쪽에 연락해서 뭐 도와줄 거 없는지 물어보고, 법안도 발의하겠다고 전해 주세요!"

그렇게 보좌진에게 친구들이 만든 법안 검토를 부탁하고 곧바로 윤창호 씨가 사경을 헤매고 있는 부산으로 내려갔다. (내가 보기엔 친구들이 만든 법안이 이미 내용 정리가 잘 되어 있어서 발의에 별 문제가 없어 보였다)

병원에서 가족과 친구들을 만나 윤창호 씨가 어떤 꿈을 지니고 어떻게 살아왔는지 이야기를 듣고 있으려니 가슴이 찢어질 듯 아팠다. 음주 운전 사고만 당하지 않았다면 우리 사회를 위해 큰 일을 했을 인재였다.

인터넷 백과사전에 기회주의자라고...

그런데 막상 윤창호 씨 친구들을 처음 만나보니, 그들이 왠지 나를 좀 경계하는 듯한 느낌이 들었다. 보좌관도 통화하면서 비슷한 느낌을 받았다고 했다.

나중에 알고 보니 모 인터넷 백과사전의 '하태경' 항목에 "하태경은 기회주의자"라는 내용이 적혀 있던 것이 원인이었다.

내가 윤창호 씨를 만나기 위해 부산으로 내려가겠다고 하자, MZ 세대이던 윤창호 씨의 친구들은 일단 '하태경'이 누군지 검색부터 해봤는데, 여럿이 함께 만드는 오픈 백과사전에 누가 그렇게 적어놓은 모양이었다. 그 때문에 친구들은 '국회의원에게 이용만 당하는 것 아닌가?' 하는 경계심을 품었다고 나중에 털어놓기도 했다.

하지만 시간이 지나면서 오해는 풀리고 첫 만남의 어색함은 많이 사라졌다. 방송사에서 연락이 와서 친구들과 함께 공개적인 입법청원을 받는 모습을 카메라에 담기도 했다. 그 후에도 여러 차례 함께 회의를 진행하면서 '하태경이 정말 도와주겠다는 의지가 있구나!' 라는 신뢰감을 줄 수 있었다. 의원실의 진심 어린 자세와 노력에 친구들은 마음을 열어 주었던 것이다.

나는 서울로 돌아오기 전에 약속했다. 친구들이 만든 조항을 바탕으로 '윤창호법'을 만들어 꼭 통과시키겠다고.

서울로 올라온 후에도 중요한 문제들이 발생하면 친구들과 카톡 화상 전화로 원격 회의를 하면서 의견을 구하고 동의를 얻는 과정을 거쳤다. 그렇게 문제를 함께 해결해 나가면서 우리는 점점 신뢰를 쌓아 나갔다.

하지만 고민이 들었다. 국회에서는 하루에도 수십 개의 법안이 발의된다. 그 많은 법안들의 운명은 전혀 예측할 수 없다. 해마다 수 천 건의 법안이 심사도 제대로 못 받은 채 소리 없이 사라진다. 더군다나 당시에는 윤창호법과 비슷한 음주 운전 처벌 강화 법안만 수십 건이 계류되어 있었다. 윤창호법도 일반적인 경우라면 그런 운명에 처할 것이 분명했다. 법안 발의까지야 쉽게 할 수 있었지만, 이 법이 실제 본회의를 통과 할 가능성은 높지 않았던 것이다.

뭔가 획기적인 돌파구가 필요했다. 나는 고민 끝에 윤창호 씨의 친구들과 기자 회견을 하면서 아예 법안 발의 단계에서 100명의 의원들과 공동 발의[23]를 하겠다고 폭탄선언을 했다. 법안은 대표 발의자 1인을 포함하여 10명의 공동 발의자만 있으면 발의할 수 있지만, 공동 발의 의원이 100명이 되면 그만큼 통과 가능성이 높아질 것이라고 생각했기 때문이었다.

국정 감사장을 쫓아다니며 도장을 받다

그 약속을 지키기 위해 나는 직접 서명 용지를 들고, 마치 영업사원처럼 국회의원 한 명 한 명을 만나고 다녔다. 국회의원이 직접 서명 용지를 들고 다니는 경우는 사실 별로 없지만, 윤창호법만은 내가 직접 받았다. 100명의 공동 발의자를 만들기 위함이었다. 아무래도 의원이 직접 서명을 받으러 오면 서명해 줄 가능성이 높기 때문이다.

여기 저기 온갖 상임위를 쫓아다니며 서명을 받던, 나의 유별난 행태 때문에 심지어는 기자들한테 문의전화가 오기도 했다.

"의원님 상임위 옮기셨어요? 어제는 OO위원회에 나타나시더니 오늘은 OO위원회에 나타나셨네요?"

---

23 국회의원이 법안을 발의하려면, 먼저 10인 이상의 국회의원이 찬성한 법안을 제출해야 한다. 이때 10명의 의원들을 공동 발의자라고 한다.

황당한 오해를 낳기도 했지만, 어쨌든 국회의원 100인의 공동 발의자를 조직하기 위해 온 상임위를 돌아다니면서 발품을 팔았던 일은 효과가 있었다. 의원들은 윤창호법의 취지에 적극 호응해 주었고 결국 100명이 넘는 의원이 공동 발의안에 서명했다. 여야는 물론 무소속 의원까지 참여한 초당적 법안 발의였다.[24] 덕분에 언론의 주목도도 크게 높아졌다. 곧바로 친구들과 함께 공동 발의 기자 회견을 진행했다.

법안 발의자가 음주 운전을...

그런데 이때 또 하나의 사건이 발생한다. 한 국회의원이 음주 운전을 하다가 적발되었는데 안타깝게도 그가 윤창호법 공동 발의에 참여한 의원이었던 것이다.

윤창호 씨 친구들은 100인의 공동 발의 의원들에게 감사의 뜻을 전하겠다면서, 밤새 카드를 만들어 의원실마다 찾아다니며 전달했다.

다음날 그중 한 분이 자신의 페이스북과 블로그에 감사 카드 사진과 함께 음주 운전 처벌 강화를 적극 지지한다는 글을 올렸다. 공동 발의자 중 감사 카드를 공개적으로 알린 유일한 의원이었다.

그런데 바로 그 의원이 얼마 뒤에 음주 운전으로 적발된 것이

---

[24] 당시 청와대 게시판에 올라온 똑같은 입법 청원에도 40만 명이 호응해 주었다.

었다. 국회의원의 이중적 모습에 분노한 친구들은 성명서를 발표했고 여론은 또다시 들끓었다.

윤창호 씨 친구들이 100명의 공동 발의 의원들에게 만들어준 감사 카드

위기를 기회로

그러나 역설적으로 이 사건 때문에 음주 운전 문제는 사회적으로 더욱 큰 이슈가 되었다. 국회는 자정 능력을 보여주기 위해서라도 윤창호법을 꼭 통과시키지 않으면 안 되는 상황이 되었다. 원래 국회는 법안 처리의 전권을 지닌 '갑'이었는데, 의원 음주 운전 사건 이후 꼭 법을 통과시켜야 하는 '을'이 된 것이다.

이런 흐름을 타고 윤창호 씨 친구들은 민주당, 자유한국당, 바른미래당, 정의당의 지도부를 모두 만났고, 각 당의 지도부로부터 법안 통과 협조 약속을 받아냈다.

마침 국회에서는 여야 대표들의 모임인 초월회가 열렸고, 청와대에서는 대통령과 각 당 원내 대표[25]들의 모임도 있었는데 두 자리에서 모두 윤창호법이 화두가 되었다. 거부할 수 없는 여론의 압력 앞에서 여야 지도부는 윤창호법의 최우선 처리에 합의했다. 결국 윤창호법은 기적과도 같이 법안이 발의된 지 불과 두 달 만에 상임위 통과를 거쳐 본회의 통과를 앞두게 되었다.

윤창호 씨 친구들과 화상 회의 중 (왼쪽은 국회, 오른쪽은 부산 사무실)

그런데 문제는 법안에 명시한 음주 운전의 처벌 수위를 어떻게 할 것인가? 였다. 이 대목에서 나는 윤창호 씨의 친구들 동의가 필수라고 생각했다. 상임위를 거치면서 원안보다 형량이 완화되었기 때문이었다.

나는 처음부터 이 법의 실제 발의자가 윤창호 씨의 친구들이

25 국회 내에서 각 정당을 대표하는 의원.

며, 나는 그들의 대리인에 불과하다는 입장을 계속 견지했기 때문에 법안의 수정 단계에서도 내가 윤창호 씨라면 어떻게 할까? 고민했다. 아쉬움이 있지만, 지금까지 온 것만도 기적이었다. 우선 상황을 받아들이고 부족한 부분은 이후에 친구들과 함께 다시 채워 나가야겠다고 생각했다.

부산에 있는 윤창호 씨의 친구들과 논의한 결과 우리는 상임위에서 조정된 안을 받아들이기로 했다. 원안보다는 후퇴했지만, 그래도 처벌 수위는 상당히 올라간 법안이었다. 음주 운전자가 피해자를 사망에 이르게 한 경우 법정형을 '1년 이상 유기 징역'에서 '무기 또는 3년 이상의 징역'으로 높인 것이다.

> 8 제364회 - 제13차(2018년11월29일)
>
> ○河泰慶 의원
> ……
> 　지금 이 본회의장 방청석에는 그 기적을 만든 윤창호 군의 두 친구가 자리에 함께하고 있습니다. 윤창호 군의 대학교 친구인 김민진 씨, 고등학교 친구인 이영광 씨.
> 　김민진 씨는 휴학을 하고 이 법 통과를 위해 매진을 했습니다. 이영광 씨는 대학교 편입을 위해 수능을 앞두고 있는데도 이 법을 위해 헌신을 했습니다.
> 　그리고 두 달 반 동안 함께 애써 준 김주환, 이소연, 윤지환, 진태경, 박주연, 손희원, 예지희, 손현수 친구에게도 진심으로 감사드립니다. 감사합니다.

국회 본회의 회의록에 기록된 친구들의 이름

나는 국회 본회의장에서 법안 제안 연설을 하면서 윤창호 씨의 친구들 10명의 이름을 호명했다. 친구에 대한 애정을 넘어 사회에 대한 정의감으로 오랜 시간 열정을 다해 스스로 법을 만들고 이를 통과시키기 위해 헌신했던 청년들. 국회 본회의 회의록에 그들의 이름이 남을 수 있도록 하기 위함이었다.

법안 통과 이후, 우리는 윤창호 씨 유골이 안치돼 있는 대전을 찾아 윤창호법을 헌정하는 자리를 마련했다. 22살 청년의 이름을 담은 법안, 그가 미처 피우지 못한 청춘의 열정이 담긴 법안이었다.[26]

윤창호 씨 빈소에서 친구들이 아버지 품에서 오열하고 있다. © 연합뉴스

---

26 그로부터 3년 후, 아쉽게도 윤창호법에서 옥의 티가 발견되었다. 재범을 정의하는 기간이 따로 없다는 이유로 헌법 재판소의 위헌 결정을 받았다. 한 달 사이에 재범을 저지른 경우와 10년이 지난 후에 재범을 저지른 것을 구분하지 않았다는 뜻이다. 화들짝 놀란 나는 재범의 기간을 정한 법을 추가로 발의했고, 이 법 또한 빠르게 통과되었다. 음주 운전자들이 법망을 피해갈 수 있는 길은 다시 봉쇄되었다.

형님 뭘 도와드릴까요?
해수부 공무원 피격 사건

2020년 9월, 전 국민을 충격에 빠트린 '해수부 공무원 서해 피격 사건'이 발생했다. 사건의 희생자는 해양수산부 공무원이던 고(故) 이대준 씨였다. 이대준 씨는 사건 발생 하루 전 서해상의 어업 지도선에서 실종되어 해경과 해군이 수색 중이었는데, 다음날 북한의 황해도 등산곶 해안에서 북한군의 총격으로 숨을 거둔 것이다.

사건이 발생하자 정치권은 긴박하게 돌아갔다. 여야를 막론하고 일제히 북한의 반인륜적 만행을 규탄하고 국회 국방위원회가 긴급 소집되었다. 여야 의원들은 너나 할 것 없이 북한의 만행과 국방부의 무능력을 질타했다.

문제는 당시 국방부가 이 사건을 너무나 성급하게 '해수부 공무원의 자진 월북 시도'로 규정한 것이었다.

정부 측 설명은 처음부터 이해할 수 없는 대목이 많았다. 무엇보다 두 자녀를 둔 평범한 40대 가장이 무슨 이유로 월북을 감행했고, 왜 북한군의 피격을 당했는지 알 수 없었다. 그는 표창장을 받은 적도 있는 모범 공무원이었다.

그것 때문에 나는 이 사건에 임하는 국가 권력의 의도를 의심하기 시작했다. 정황도 있었다. 그것은 문재인 대통령이 이대준 씨가 피격당한 직후 발표된 유엔 총회 영상 연설에서 '종전 선언'을 강조했다는 사실이었다. (영상은 사전에 녹화된 것이었다)

북한이 코로나 등을 우려해 고 이대준 씨를 사살했음에도 우리 정부가 '종전 협정' 같은 정치적 성과를 만들기 위해 이 사건을 처음부터 월북으로 규정하는 것은 아닌지 의심이 들었다.

의원실로 걸려온 형님의 전화

그때 의원실로 전화 한 통이 걸려왔다. 고 이대준 씨의 친형, 이래진 씨가 걸어온 전화였다. 이래진 씨는 자신의 동생이 월북자로 몰리자 억울한 마음에 국방위 소속 국회의원실 모두에 전화를 걸었다. 그러나 한 곳도 제대로 응답을 해주지 않았다.

하지만, 나는 고 이대준 씨의 형님으로부터 연락이 왔었다는 말을 듣자마자 얼른 전화를 걸어 말씀 드렸다.

"형님, 제가 뭘 도와 드릴까요?"

내가 앞뒤 가리지 않고 신속하게 콜-백한 이유인즉, 정치의 본질은 억울하고 힘든 사람들 이야기를 들어주는 것에서 출발한다는 평소 생각 때문이었다. 나중에 듣기로 국방위 소속 의원들 중 딱 한 명에게서 콜-백이 왔는데, 그게 나였다고 한다. 이대준 씨의 형님은 이렇게 말했다.

"국회 국방위 모든 의원실에 전화를 했습니다. 그런데 그 많은 연락 중에 딱 한 명에게서만 콜-백이 왔습니다. 그 사람이 하태경입니다."

유가족들은 어느 날 갑자기 가장을 잃은 것도 모자라 '월북자'로 낙인찍히는 상황이 되자 황망한 마음에 말을 잃고 있었다. 그러나 형님을 비롯한 유족들은 절대 월북일 리가 없다고 확신하고 있었다. 유가족의 말이라고 무조건 다 믿어야 하는 것은 아니지만, 이것은 너무나 중대한 문제라서 근거의 타당성을 분명히 따져 볼 필요가 있었다.

형님과 통화하면서 우선 정부가 강하게 밀어붙이고 있는 '월북 프레임'을 차단하려면 일단 유족의 목소리라도 먼저 언론에 내보내는 것이 급선무라는 생각이 들었다.

나는 당 지도부 회의 자리에 유족이 참석해서 발언할 기회를 만들었다. 그 자리를 통해 '정부의 월북자 낙인찍기는 가설에 불과한 이야기로, 고인과 유족의 명예를 훼손한 것'이라는 유족 측 입장을 언론에 내보낼 수 있었다.

우리가 바다를 직접 보자!

그러나 고 이대준 씨를 월북자로 규정한 정부의 입장은 강경했다. 어떻게 정부 측 논리를 뒤집을 것인지 고민하던 중에 이래진 형님이 동생이 실종된 바다를 현장 방문 하자는 아이디어를 냈다. 실제 서해 바다로 월북을 강행하는 것이 정말 가능한지 확인해 보고 위령제라도 치러서 고인의 죽음을 위로해 주자는 취지였다. 언론에는 진실 규명을 위해 유족과 의원실이 직접 나서겠다며 보도 자료를 배포하고 페이스북에는 간략한 보고의 글을 올렸다.

"희생자 형님께서 작은 위령제라도 올리고 싶다고 하십니다. 제게 동행을 요청하셔서 내일 함께 서해 바다 수색선에 오릅니다. 차디찬 바닷바람 맞으며 칠흑 같은 어둠 속에서 고인이 보내셨을 마지막 밤을 저도 함께 하고 오겠습니다."

그렇게 1박 2일 일정으로 실제 이대준 씨가 사고를 당했을 것으로 추정되는 시간에 밤바다로 나갔다. 우리 의원실 보좌진들도 함께 갔다. 사건이 벌어진지 한 달째 되는 날이었다. 새벽녘 우리는 파도가 넘실거리는 배 위에서 밤바다를 직접 보고 간단하게 위령제도 지냈다. 형님은 "억울한 우리 동생한테 소주라도 한 잔 따라주고 싶다."라며 술잔을 채웠다.

파도치는 현장 상황을 직접 눈으로 보니 월북이라는 정부 측 주장이 더 의심스러웠다. 칠흑 같이 캄캄한 밤바다에는 집채만 한 파도가 끊임없이 너울거리고 있었다. 거대한 대자연의 위력을 직면한 상태로 과연 구명조끼 하나에 의지해 무려 38킬로미터를 부유물을 붙잡은 채 헤엄쳐 갈 수 있을까? 나라면 생각조차 하지 못했을 것이라는 확신이 들었다.

나는 페이스북에 또 다시 장문의 글을 올렸다.

"해수부 공무원 실종 한 달을 맞아 형님이신 이래진 씨와 함께 연평도에서 수색 작업 중인 무궁화 15호(해수부 소속 어업 관리선)에 올랐습니다. 8시에 있을 위령제 전 무궁화 15호를 둘러보고 실종 당시 상황을 하나하나 점검해봤습니다.

우선 우리가 수색 작업을 하는 중에도 국제상선망을 통한 북한의 경고 방송이 들려왔습니다. "너희 함정 두 척이 우리 수역을 침범했다. 지금 즉시 이탈하라. 이탈하지 않으면 강력한 대응 조치를 취하겠다."라는 엄포였습니다. 북한의 통신을 들으면서 왜 우리 군은 해수부 공무원이 살아 있을 때 북한에 우리 국민을 돌려 달라는 통신을 하지 않았을까 하는 안타까움이 더 커졌습니다.

또 어업 관리선에 직접 와서 보니 해수부 공무원이 실족했을 가능성이 크다는 확신이 들었습니다. 비가 오지 않았는데도 바닥이 매우 미끄러웠고 난간은 높지 않았습니다. 바람은 거셌습니다. 더구나 해수부 공무원이 실종된 무궁화 10호는 지금 제가 타고 있는 무궁화 15호의 3분의 1 크기에 불과했습니다.

고속단정을 살피다 떨어졌을 수도 있고 후미의 담배 태우는 장소나 옆 난간에서 실족했을 가능성도 커 보였습니다. 그런데 해경은 실족 가능성을 원천 배제하고 수사를 하고 있습니다. 무엇을 감추고 왜곡하려는 것인지 반드시 밝혀내겠습니다.

군과 해경이 월북의 증거라고 제시한 구명조끼는 업무를 보는 사람 모두가 착용하고 있었습니다. 요즘 사용하는 구명조끼는 팔의 움직임이 편하도록 디자인 되어 있어서 조끼를 입는 것이 거추장스럽지 않습니다. 특히 실내가 아닌 갑판에 나갈 때는 반드시 착용한다고 합니다.

또 어업 관리선 직원들은 업무 중에는 모두 안전화를 신고 있었습니다. 슬리퍼를 신고 갑판이나 후미에 나가는 경우는 없다고 합니다. 바닥이 미끄러워 위험하기 때문입니다. 해수부 공무원의 유류품에 안전화가 없는 것도 실종 당시 안전화를 신고 있었다는 걸 의미합니다. 유족인 이래진 씨는 슬리퍼가 월북의 증거라는 군과 해경의 발표를 듣고 울화통이 터졌다고 합니다.

수색 현장에 와 보니 이 망망대해에서 북한이 불태운 해수부 공무원의 유해를 과연 찾을 수 있을까 하는 생각이 들었습니다. 실오라기 같은 희망이라도 놓아선 안 되지만 매우 어려운 상황인 것은 분명해 보입니다. 그래서 더 중요한 것이 정부가 희생자의 명예를 지켜주는 것입니다.

조금 뒤 유가족과 함께 작은 위령제를 가지려 합니다. 북한 함정에 끌려다니다 피살된 장소에서 가장 가까운 곳을 찾았습니다. 서해 바다가 해수부 공무원이 평소 좋아했던 포도와 귤, 커피 음료를 잘 전해줬으면 합니다. 누군가는 당신을 잊지 않고 기억하고 있다는 사실도 함께 전해지길 바랍니다." [27]

---

27 2020년 10월 21일 하태경 페이스북

유족의 등에 비수를

우리는 원래 서해 현장 방문 당일 인천에서 1차로 기자 회견을 하고 다음 날 다시 현장 방문 결과를 언론에 브리핑할 계획이었다. 그런데 우리가 항구로 돌아오는 바로 그날, 해경에서 같은 시간에 기자 회견을 열어 '고 이대준 씨에게 거액의 도박 빚이 있었다.'는 사실을 발표하는 황당한 일이 발생했다.

해경은 자신들의 '월북' 주장을 성립시키기 위해 고인의 채무 상황 등 사적 정보까지 공개했다. 유족은 가족을 잃은 아픔에 더해 명예 훼손까지 맞닥뜨려야 했다. 국가 기관이 확실하지도 않은 근거로 평범한 국민을 월북자로 몰아간 것도 모자라 사자의 명예를 훼손해 유가족들을 괴롭힌 것이다.[28] 시점도 매우 정교했다. 정확히 위령제를 마치고 돌아오는 유족의 등에 해경이 비수를 꽂은 상황이었다. 나는 분노의 심정이 솟구쳤다. 국민을 구조하지 못한 책임을 느끼고 성찰하기는커녕, 희생자 명예 살인에만 몰두하는 해경은 어느 나라 경찰인지 탄식이 절로 나왔다.

---

[28] 유족은 고인의 명예 살인에 앞장선 해경을 상대로 국가인권위원회에 진정을 넣었고, 이듬해 7월 인권위는 해경의 인권 침해를 질타하는 결정을 내렸다. 인권위는 해경이 월북의 동기라고 주장한 채무 문제도 반드시 공개할 필요성이 없었을 뿐 아니라 그 액수도 부풀려 발표했음을 밝혀냈다.

민주당의 회유 공작

조직적 월북 몰이는 해경만의 문제가 아니었다. 이 때 민주당은 '월북 회유 사건'을 일으키기도 했다. 민주당 일부 의원들이 유족을 만나 "월북을 인정하면 기금을 조성해 주겠다."라는 말을 했다는 사실을 형님인 이래진 씨가 폭로한 것이다.

당시 민주당의 모 의원은 "월북자는 사살해도 된다."라는 발언을 하면서 정부의 책임을 회피하기도 했고, 외교부가 UN에 보낸 공문에는 해수부 공무원의 국가보안법 위반 여부를 언급하기도 했다. 내 눈에는 이 모든 움직임들이 우연히 발생한 일로 보이지 않았다. 한때 자신들이 빨갱이 몰이의 피해자라고 주장해 왔던 민주당이 이제는 조직적인 월북 몰이의 가해자로 둔갑한 것으로 보였다.

실종과 사망 사이

실종 선고라는 제도가 있다. 가족이 실종되어 생사를 알 수 없을 때, 남은 가족이 법적인 정리를 할 수 있도록 법원이 도와주는 것이다. 법원이 심사를 통해 '실종 선고' 판결을 내리면 그때부터 '사망'으로 간주되어 유가족은 여러 가지 정리를 할 수 있다. 통상 실종 후 최소 1년이 지나야 이런 도움을 받을 수 있다.

이대준 씨 가족도 실종 선고를 신청할 수밖에 없었다. 대한민국 정부 기관 그 어디서도 '이대준 씨가 북한 해역에서 표류하다가 사망했다.' 라는 사망 확인서 한 장을 써주지 않았기 때문이다. 대한민국 육군 중장이 이대준 씨의 사망을 공식 발표했고, 그의 사망은 대한민국을 넘어 전 세계가 다 알게 된 국제 뉴스였음에도 말이다.

　할 수 없이 유족은 실종 선고를 신청했고 오랜 시간을 기다려 법원으로부터 1년 8개월 만에 '사망자' 신분을 확인 받았다. 그런데 문제가 또 생겼다. 이대준 씨는 공무원으로서 어업 지도선 임무를 수행하는 중에 사망했다. 공무원이 재직 중 사망하면 공무원 연금 공단에서 사망 원인 등을 심사해서 유족 연금을 결정한다. 연금 공단은 사망 원인과 관계없이 소정의 사망조위금도 지급한다. 이대준 씨가 월급을 받을 때마다 꼬박꼬박 납부했던 연금에서 주는 돈이다.

　그런데 정작 이대준 씨의 유족은 사망조위금도 못 받았고, 공무 중 사망 심사를 받을 자격도 얻지 못했다. 그 이유가 참 기막히다. 공무원이 실종되면 일정 기간 후에 자동 면직이 되는데, 면직된 지 한참 후에 실종 선고 판결을 받았기 때문에 '공무원 재직 중 사망'이 아니라는 것이 이유였다. "심사를 받으려면 법원에서 실종 선고 취소 판결을 받아오라."라고도 했다. 또 다시 송사에 6개월을 보내라는 소리였다.

　해수부, 연금공단 등 관계자들을 의원실로 불러 해결을 촉구했지만, 공무원들의 탁상 행정은 정말 너무하다 싶었다. 유족 입장에서는 서해 공무원을 두 번 죽이는 일이었다.

분통이 터진 나는 2022년 국회 대정부 질문[29] 때 한덕수 총리에게 이 문제를 강하게 따져 물었고 그제야 정부는 상황을 바로잡아주었다. 결국 2년이나 지난 2022년 10월에야 고 이대준 씨는 유족 연금 심사를 통해 '순직 공무원'이 되었다. 실종에서 사망으로 바뀌기까지 너무나 많은 시간과 노력이 필요했다.

국제기구에 호소하다

우리는 이대준 씨 사건을 '월북'으로 규정하는 정부에 맞서 국제 여론전도 기획했다. 나는 북한 인권을 위한 NGO 활동을 하면서 국제 사회에 나름 탄탄한 네트워크를 구축해 놓았다. 이 네트워크는 내가 국회의원으로 신분이 바뀌면서 한 단계 더 업그레이드되어, 나는 아시아 인권 의원 연맹 회장 자격으로 매년 인권 국제회의를 개최해 오고 있다. 나는 그 총회 대표단에 이래진 형님을 공식적으로 포함시켜 미국 방문을 추진했다. 국제 사회에 북한의 만행과 이대준 씨의 억울한 죽음을 알리고 관심을 호소했다. 우리 방문단은 뉴욕에 있는 유엔 북한 대표부 앞에서 항

---

29 국회 본회의 회기 중 국회의원이 정부를 상대로 하는 질문. 주로 국회의원이 각 부처 장관에게 질문하는 형식으로 이뤄진다. 질문 방식은 일문일답 방식이며 질문 시간은 20분을 넘을 수 없다.

의 시위도 하고, 북한에 의해 희생된 웜비어[30] 가족의 집도 찾았다. 이래진 형님은 이대준 씨 사고 직후 웜비어 가족으로부터 위문편지를 받은 적이 있는데, 그 답례 방문인 셈이다. 우리는 웜비어의 부모님께 "우리도 북한군으로부터 비슷한 일을 당했다. 피해 받은 사람들이 연대해서 북한의 인권 실태를 세계에 알리자!"고 제안했다.

유엔 무대도 적극 활용했다. 퀸타나 북한 인권 보고관이 참석하는 국제회의에 이래진 형님을 참여시켰다. 당시는 코로나 때라 화상 회의를 했는데 이래진 형님이 참석해 사례 발표를 했다.

유엔 북한 인권 사무소를 방문해 공식적인 진상 조사를 요청하기도 했다. 이 자리에서도 퀸타나 특별 보고관은 유족에게 위로의 뜻을 전하면서 "북한으로부터 유해와 유류품 송환이 반드시 이뤄져야 한다."라고 힘을 실어 주었다.

정권 교체 이후, 진실의 문이 열리다

2022년에는 대통령 선거가 있었다. 나는 반드시 정권 교체가 되어 새 대통령이 임기 첫날, 국방부로부터 이 사건의 진실을 보

---

30 미국 버지니아 주립대 3학년이던 웜비어는 2016년 1월 관광차 북한을 방문했다가 정치 선전물을 훔치려 했다는 이유로 체포됐다. 이후 17개월간 북한에 억류돼 있다가 트럼프 대통령 등의 노력으로 극적인 송환이 이뤄졌지만 혼수상태로 고향에 돌아온 그는 병원에 입원한 지 6일 만에 사망했다.

고 받는 꿈을 꾸었다. 그만큼 이 사건에는 반드시 밝혀져야 할 진실이 숨어 있다고 확신하고 있었다.

드디어 정권 교체를 이뤄내 윤석열 정부가 출범 한지 1개월 지난 6월 16일, 해경은 사건 최종 결과를 발표했다. 월북 몰이에 앞장섰던 해경이 "월북 의도를 찾지 못했다."라고 실토하면서 진실의 문이 열리기 시작했다.

나는 우리 당에 꾸려진 진상 규명 TF를 맡았다. 국방부, 해경, 통일부 등을 방문하여 그간 감춰져 있던 정부의 자료들을 추적했다. 서서히 충격적인 사실들이 밝혀지기 시작했다.

북한군 통신 감청 자료에 등장했다는 '월북'이란 단어는 (이 단어가 월북의 결정적 증거로 제시되었다) 7시간 감청 자료 중에 단 한 번, 그것도 이대준 씨가 기진맥진했을 후반부에 나왔다. 반면 실족 가능성을 암시하는 정보들은 모두 은폐되어 있었다.

감청에 따르면 이대준 씨는 팔에 붕대를 감고 있었고, 한자가 적힌 구명조끼를 입고 있었다. 실족했다가 누군가에게 구조되어 치료를 받았을 가능성, 중국 배에서 구명조끼를 얻어 입었을 가능성을 암시하는 단서들이었다.

심지어 해경은 월북의 강력한 증거로 내세웠던 슬리퍼의 유전자 감식 결과도 은폐했다. 해경은 실종 당시 선상에서 발견된 슬리퍼가 이대준 씨 것이라고 했다. 스스로 슬리퍼를 벗어두고 뛰어내린 것이라고 단정했다. 그러나 유전자 감식 결과 슬리퍼에서 여러 사람의 DNA가 나왔는데도 이를 숨기고 이대준 씨의 슬리퍼라고 거짓 공세를 이어갔던 것이다. 사건 당시부터 숱한 의혹들을 제기해왔던 나이지만, 정부 기관이 총동원되어서 그렇게 다양한 은폐와 조작을 저질렀다는 것이 믿어지지 않았다. 정권교체가 되지 않았다면 영원히 묻혀버렸을 것이다.

이 밖에 우리가 끈질기게 추적해서 찾아낸 성과들도 있었다. 그 중 하나가 통일부 매뉴얼의 존재를 밝혀낸 일이다. 정권 교체 후 내가 이끄는 우리 당의 진상 규명 TF가 통일부를 방문했을 때다. "이대준 씨 사건 당시, 민간 선박의 월선 상황 대응 매뉴얼은 있었는데, 사람이 월선한 상황에 대한 매뉴얼이 없었다."라는 보고가 나왔다. 나는 곧장 "그 매뉴얼을 보여 달라!"고 요구했지만, "매뉴얼은 비밀 문서라서 제출할 수 없다."라는 답변이 나왔다. 나는 물러서지 않고 "국회의원은 비밀 취급 인가가 있다. 열람이라도 하겠다."라고 했다.

결국 의원실로 들고 온 매뉴얼을 보니 이대준 씨 사망 사건 당시 '정부대응 매뉴얼이 없었다'는 변명은 새빨간 거짓말이었다. 매뉴얼에는 선박뿐 아니라 '사람'이 북한으로 월선했을 때의 대응 방침이 명확히 규정되어 있었다.[31] '상황 발생 시 신속하게 유관 기관에 상황을 전파하고 대변인 브리핑 등을 통해 북한에 즉시 통지해야 한다.'고 정확하게 적혀 있었다. 이로써 '매뉴얼이 없었다'는 식의 변명은 모두 거짓이었음이 드러났다. 이대준 씨

---

31 팩트 추적에 있어 원소스를 확인하는 과정은 매우 필수적이다. 발레 대회 수상자 비리를 추적할 때도 번역문 원본을 찾아내 팩트를 확인할 수 있었다. ('국방위원이 발레 학원으로 간 이유' 편 참조)

가 차가운 바다 속에서 고통 받던 그 순간 국민의 생명을 지키기 위한 국가의 노력은 그 어디에도 없었다.

표류 실험의 진실

또 하나의 성과는 표류 실험의 진실을 찾아낸 것이다. 이것은 거의 2년에 걸친 추적 끝에 진실을 파악하게 된 케이스다. 2020년 9월. 유족들과 서해 바다에서 위령제를 하고 돌아온 그날, 해경은 고 이대준 씨에게 거액의 도박 빚이 있었다고 발표하면서 동시에 기자들에게 비공개 브리핑을 제공했다.

유족들은 "도대체 해경이 문 잠가 놓고 기자들에게 어떤 정보를 브리핑했는지 알아 봐 달라!"는 요청을 했다. 이때부터 해경과 의원실의 숨바꼭질이 시작되었다.

우리는 여러 경로를 통해 해경이 제공한 비공개 브리핑이 '표류 실험'에 관한 것임을 알아냈다. 다음 단계는 자료 요청이었다. 해경을 상대로 '도대체 어떤 표류 실험을 했고, 기자들한테 어떤 내용을 전달했는지?' 관련 자료 제출을 요구했다.

하지만 해경은 수사 중인 사안이라며 자료 제출을 거부했다. 표류 실험을 수행한 세 군데 기관에도 직접 연락해 봤지만 소용 없었다. "해경의 허락 없이는 제출 못하는 입장입니다."라며 거부했다.

그렇게 1년 반이 지난 뒤에 최종 수사 결과가 발표되자마자, 우리 보좌관은 마치 기다렸다는 듯이 해경에 연락했다.

　"실험 기관에서 받은 원본 자료를 봐야겠습니다. 수사가 종결되었으니 이제 제출하실 수 있죠?"

　그렇게 2년 만에 자료를 확보하고 각 실험 기관 전문가들을 모셔 직접 설명을 들었다. 그 과정에서 해경이 발표한 표류 분석에 엄청난 왜곡이 있었다는 증거와 전문가 증언을 확보했다.
　표류 실험은 바다에 입자를 뿌리는 것으로 시작한다. 천 개의 입자를 뿌려서 그 입자들이 바다 위에 떠다니는 움직임과 방향을 기록, 지도상에 점으로 표시하는 것이다. 그런데 해경이 발표한 표류 분석은 점이 아니라 선이었다. 그 선은 북쪽으로 올라가지 못하고 소연평도 이남에서 뺑글뺑글 도는 형상을 띠었다. 자연 표류였다면 남쪽에서 발견되어야 하는데 북쪽으로 넘어갔으니 그게 바로 인위적으로 조류를 거슬러 북쪽으로 올라간, 자진 월북의 증거라는 논리였다. 이 표류 예측 그림은 모든 방송사의 저녁 뉴스를 타고 전국적으로 보도되었다.
　하지만 전문가들의 설명은 달랐다. 표류 실험에서 중요한 것은 '점'이지 '선'이 아니었다. 표류 실험의 결과를 선으로 표시하는 것 자체가 잘못이다. 이 선은 단순히 점들의 평균값을 연결한 것에 불과하며 표류 방향을 나타내는 것이 아니기 때문이다.

전문기관에서 해경에 제출한 자료 역시 '점'이 뚜렷하게 표시되어 있었고, 그 점들 중에는 NLL 북쪽으로 넘어간 것들도 있었다.

그런데 해경은 '실험 결과 이미지'를 조작하여 뺑글이 선들만 남긴 기괴한 그림을 만들어냈다. 그 조작된 그림을 근거로 이대준 씨를 월북자로 몰아가고 전 국민을 기만한 것이다.

현재 이 사건은 재판이 진행 중이다. 검찰은 박지원 전 국정원장과 서훈 전 국가안보실장, 서욱 전 국방부장관, 김홍희 전 해경청장, 노은채 전 국정원기조실장을 첩보 삭제 혐의 등으로 기소했다.[32]

---

32 고 이대준 씨의 형님인 이래진 씨는 1,080일 간의 저항과 고통을 담은 기록 에세이집 〈서해 일기〉를 출간했다.

'선'으로만 표시한 해경의 표류 예측 발표

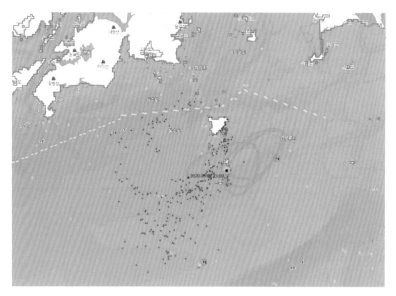

'점'과 '선'이 모두 표시된 조사기관의 표류 예측 원본

홈키파 회사의 비밀
가습기 살균제 사건

2016년, 전 국민이 경악할 또 하나의 사건이 나라를 뒤흔들었다. 바로 '가습기 살균제 사망 사건'이었다. 한동안 원인 모를 폐손상 등으로 산모나 영유아가 사망하거나 심각한 폐질환으로 고통 받는 경우가 많았는데, 그 원인이 '가습기 살균제'에 있었음이 뒤늦게 밝혀진 것이다.

이 사건의 시작은 무려 1994년으로 거슬러 올라간다. 1994년 흡입 독성 시험도 없이 가습기 살균제 제품이 출시되었다. 뒤이어 2000년에는 유독 물질인 PHMG를 원료로 사용한 가습기 살균제가 '옥시'에서 본격 시판되었다. (옥시는 이 제품을 개발하기 전 전문가로부터 제품 유해성 경고를 받았지만 이를 무시한 것으로 나중에 밝혀졌다)

이런 상황에서 2006년 이후 수십 건에 달하는 원인 불명의 소아 폐렴 사례가 보고되기 시작했다. 그러나 질병 관리 본부는 적극적 조사를 하지 않았고 정부 차원의 역학 조사도 이뤄지지 않았다. 결국 5년이나 지난, 2011년에 와서야 뒤늦게 사건의 진상이 조금씩 밝혀지기 시작한다.

결과는 참혹했다. 이 문제가 본격적인 사회 이슈가 되기 전까지 가습기 살균제는 연간 60만 개씩 팔려나갔다. 결국 249명의 사망자가 발생했고 최소한 1,500명 이상의 사람들에게 씻을 수 없는 후유증을 남겼다. 피해자들은 아직도 일상생활이 어려울 정도로 고통 받고 있다.

이 사건은 2011년부터 조금씩 알려졌지만, 그 뒤로도 책임 기업에 대한 수사나 피해자 구제는 전혀 이뤄지지 않았다. 무려 5년의 세월이 흐른 2016년에 이르러서야 겨우 검찰 수사가 본격화됐고 '옥시' 등 제조사에 대한 책임을 묻기 시작했다.[33]

2016년 가습기 살균제 문제로 많은 국민의 분노가 하늘을 찌르게 되자 국회도 〈가습기 살균제 참사 특별 조사 위원회〉를 설치했다.

20대 국회가 막 시작된 2016년 7월, 나는 국회 환경노동위원회[34] 새누리당 간사를 맡고 있었다. 그래서 가습기 살균제 이슈가 처음 떠올랐을 때부터 '이것은 나의 일'이라는 생각이 들었다. 더구나 당시는 막 재선 임기를 시작했을 때라 매사에 에너지와 의욕에 넘쳤을 때였다. 나는 자발적으로 〈가습기 살균제 국정 조사 특별 위원회〉에 참가를 신청했다.[35]

---

33 '가습기 살균제 피해 구제를 위한 특별법'은 2017년에야 시행된다.
34 환경부와 고용노동부의 소관 사항을 관할하는 국회 상임 위원회. 흔히 환노위 라는 약칭으로 불린다.
35 상임위와 별도로 진행되는 국정 조사 특위 활동은 일상적인 국회의원 업무에 더해 추가적인 노력이 필요한 일이라, 보좌진이든 의원이든 업무가 가중되는 고된 일이다. (편집자 주)

당시는 박근혜 정부 시절이었고, 새누리당은 여당이었다. 대개 이런 사건에서는 야당이 더 적극적인 경우가 많지만, 나는 개의치 않았다. 오로지 최대한 피해자 편에서 함께하는 데 최선을 다하고자 했다.

가습기 살균제 피해자의 고통은 이루 말할 수 없었다. 피해자들을 만나 보니, 말 그대로 뼈만 남은 분들도 계셨다. 눈 뜨고 보기 힘든 참상 앞에서 할 말을 찾을 수 없었다.

이유 없이 사람이 죽어 나가는 마당에도 우리 사회가 한참이나 원인조차 파악하지 못했다는 사실에 자괴감을 느꼈다. 더 분통 터지는 일은 원인이 가습기 살균제에 있음이 밝혀진 뒤에도 피해자들의 얘기를 제대로 들어 주는 사람이 없었다는 사실이다.

가습기 살균제 사건은 너무나 슬픈 사건이었다. 국민의 건강을 나 몰라라 하고 이윤만을 생각하는 기업체의 탐욕과 국가의 임무 방기가 합쳐져 만들어 낸 비극이었다.

무엇보다 가습기 살균제 피해자의 대부분이 나이 어린 영유아나 산모들이라 너무나 마음이 무거웠다. 피해자 중에는 아이를 잃은 사람들이 많았다. 아이들에게 더 잘해 주려던 의도가 본의 아니게 자식의 생명을 앗아가는 결과를 빚게 되어 말 그대로 망연자실한 상황이었다.

우리는 의원실 차원에서 이 의제에 전력을 투입하기로 하고 보좌진들과 함께 가습기 살균제 문제에 매달리기 시작했다. 낮이든 밤이든 평일이든 주말이든 가리지 않고, 피해자들과 통화하고 공감하며 함께 슬퍼하고 함께 울었다.

숨은 가해자, 헨켈을 찾아내다

이때 우리 의원실은 보좌진의 노력과 활약으로 헨켈이라는 기업에서 '가습기 살균제'를 제조해서 판매했다는 사실을 새롭게 밝혀냈다.

우리의 목표는 정부와 기업이 감추고 있는 추악한 진실을 하나도 남김없이 모조리 밝혀내 억울한 피해자들의 가슴을 조금이라도 보듬어 주는 것이었다. 분명 아직 밝혀내지 못한 정부와 화학기업 간의 은폐된 사실이 있을 것이라는 생각이 들었다.

수사권은 없지만 전 보좌진이 수사관이 된 심정으로 눈에 불을 켜고 각종 자료를 뒤지기 시작했다. 그때 담당 보좌관은 "우리 딸이 초등학생이다. 피해자의 고통이 전혀 남의 얘기 같지 않다. 잠시도 쉬면 안 될 것 같다. 자료를 하나라도 더 봐야겠다."라며 거의 일주일 동안 의원 회관 휴게실에서 쪽잠을 자기도 했다.

구글링의 위력

장 비서관이 관련 자료를 샅샅이 뒤지던 중 우연히 폐쇄된 게시판 하나를 찾아낸 것은 그 무렵이었다. 산업통상자원부(산자부)가 운영하다가 폐쇄한 '질의 응답 게시판'에서 옥시 외에 또 다른 회사에서 가습기 살균제를 판매한 단서를 찾아낸 것이다.

이 게시판은 사업자가 제품을 출시하기 전에 어떤 규제를 적용받는지 묻고 답하는 곳이었는데 게시물 중 '가습기 메이트'라는 제목이 달린 글을 확인한 것이 사건의 시작이었다.

분명 가습기 살균제와 관련이 있을 것 같은 게시물이었지만 링크가 깨져서 내용은 알 수 없었다. 처음엔 애경 쪽에서 '가습기 메이트'[36]에 문제를 느끼고 질의한 것이 아닌지 의심했지만 확신할 수는 없었다.

만약 애경 측이 작성한 글이 아니라면, 새로운 가습기 살균제를 제작하려는 또 다른 누군가가 작성했을 가능성이 높았다. 그리고 이것이 사실이라면 정부 조사에서 누락된 가습기 살균제 업체를 추가로 확인할 수 있는 중요한 단서가 될 수 있었다.

그런데 문제는 어느 회사가 질의를 했는지 알 수 없다는 점이었다. 주무 부처인 산업자원부는 '개인 정보'라며 게시 내용을 알려주지 않았다. 결국 또다시 부처 공무원들과 지루한 실랑이가 시작됐다.

우리는 자료 요구의 취지와 목적을 설명했다. 이는 '개인의 사생활을 침해할 목적'이 아니라고 강변했다. 자료를 내놓으라고 협박하다시피 하기도 했다. 산자부는 질질 시간을 끌면서 법률

---

36 1994년 최초로 출시된 가습기 살균제의 제품명

검토까지 모두 마친 뒤에야, 한참 만에 원본 자료를 보내왔다.

그러나 그 자료에도 질의자의 이름과 유선 전화 번호만 있을 뿐 회사 이름은 없었다. 그 번호를 이용하는 회사가 어느 회사인지는 의원실이 직접 알아내야 했다.

여기서 우리는 두 번째 고개를 넘어야 했다. 산자부가 알려준 번호로 직접 전화해서 어느 회사인지 물어보는 방법이 있었지만, 국회의원 신분을 밝히는 순간 상대방이 회사명을 가르쳐 주지 않을 것 같았다. 이 걱정 때문에 장 비서관은 그 번호로 전화를 걸어 마치 배우처럼 한바탕 연기를 펼쳤다.

"여보세요. 저는 대성 실업 장 과장인데요. 거기 김 대리님 계십니까?"

"그런 사람 없습니다."

"아니, 이 전화 맞는데요." (짜증을 내면서) "거기 대체 무슨 회사고 당신은 누굽니까?"

그러자 전화기 너머로, "헨켈코리아, 아무개 이사입니다."라는 나긋나긋한 목소리가 흘러나왔다.

정부 조사에서 누락된 가습기 살균제 제조사 - 세계 최대의 화학 기업인 '헨켈'의 이름을 확인하는 순간이었다. 우리나라에선 헨켈이라는 회사 이름이 낯설지만, 모기 잡는 '홈키파'의 제조사라고 하면 모르는 사람이 없을 것이다. 바로 그 회사였다.

우리는 이렇게 파악한 정보를 기초로 헨켈의 가습기 살균제 제품을 검색해서 절판된 가습기 살균제 사진을 확보하고, 마침내 산자부를 통해 해당 제품이 조사 과정에서 빠졌다는 사실을 확인 받았다.

헨켈에 대한 두 번째 폭로

두 번째 폭로는 헨켈이 의원실에 해명하는 과정에서 포착한 내용이다. 2016년 한국에서 가습기 살균제 문제가 본격적으로 제기되자, 독일의 헨켈 본사 역시 상황을 인지하고 사실상 문제 은폐를 위한 내부 회의까지 했던 것이다.

당시 우리는 헨켈이 2007년 가습기 살균제를 처음 만들 때 작성한 제품 기획서를 확보했다. 그런데 그 기획서의 파일 정보에는 〈가습기 살균제 국정조사특위〉가 결성되기 두 달 전인 2016년 5월, 누군가 파일을 열어서 인쇄한 흔적이 남아 있었다. 가습기 살균제 문제가 불거진 이후, 헨켈 측이 뭔가 사실 은폐 대책을 논의했을 것이라고 짐작되는 단서였다.

곧바로 헨켈 관계자에게 따져 물었다. 그러자 헨켈 측은 절대 고의로 은폐한 것이 아니라며 발뺌했다. 그 제품은 단종된 지 오래되어 현 경영진은 존재 자체를 아예 몰랐다는 변명이었다.

우리는 조용히 제품 기획서 파일 정보를 보여 주며 "헨켈의 주장이 사실이라면, 왜 2016년 5월 26일 오후 5시에 프린트를 했느냐?"라고 물었다. 헨켈 측은 당황해 대답을 못하다가 착잡한 표정으로 본사와 통화를 하겠다며 나갔다가 한참 만에 돌아왔다. 우리는 "이 문제를 해명하지 못하면 국회에 대한 허위 자료 제출로 고발할 수밖에 없다."라고 경고했다. 그제야 독일 본사와 의논한 사실을 털어놓고 용서를 구했다.

'홈키파 가습기싹'은 홈키파·홈매트 등으로 유명한 모기 살충제 분야 1위 회사, 〈헨켈홈케어코리아〉가 2007년 출시한 제품이었다. 하지만 2011년 가습기 살균제가 문제 될 시점에는 유통량이 적어 정부 조사에서는 확인되지 못한 상태였다. 이 때문에 헨켈은 수년간 해당 제품을 판매하고서도 자사의 가습기 살균제를 사용해 온 소비자들에게 제품의 성분을 밝히거나 제조 판매 사실을 털어놓지 않고 쉬쉬하고 있었다.

결국 우리는 헨켈홈케어코리아가 가습기 살균제 약 2만여 개를 생산하고도 이 사실을 의도적으로 은폐했다는 사실을 밝혀냈다. 헨켈코리아의 대표 이사는 청문회에 출석해 위험한 제품을 시중에 판매해 놓고도 아무런 조치 없이 5년 넘게 침묵으로 일관한 것에 대해 공식 사과했다.[37]

---

37 하태경 의원은 이 공로로 머니투데이 the300이 뽑은 2016년 올해의 의원에 선정되면서 '불꽃남자'라는 별명을 얻기도 했다. (편집자 주)

보도자료

2016 년 7 월 26 일

"홈키파 가습기 한번에 싹" 판매에 대한 헨켈 홈케어 코리아의 입장

금일 (26 일) 새누리당 하태경 의원실에서 발표한 '홈키파 가습기 한번에 싹' (이하 홈키파 가습기 싹) 발표 관련하여 다음과 같이 당사의 입장을 알려 드립니다.

헨켈 코리아는 2007 년 9 월부터 가습기살균제 제품인 '홈키파 가습기 싹' 제품을 생산 및 판매하기 시작하여 2009 년 1 월 제품 판매를 중단한 바 있습니다. 동 기간 동안 당사는 총 21,576 개의 제품을 생산하였으며 그 중 11,028 개 제품을 판매하였습니다. 해당 제품 생산은 판매부진 등의 이유로 약 1 년만에 중단되었고, 그 이후 미 판매 분량은 전량 폐기되었습니다. 해당 제품에 사용된 성분은 CMIT/ MIT 로 제품과 관련하여 현재까지 소비자로부터 피해 신고가 접수된 바는 없습니다.

당사는 해당 제품 관련한 정확한 사실관계 확인 과정이 지연되는 관계로 의원실과 소비자들에게 오해가 발생한 점에 대하여 송구스럽게 생각하며, 추후 있을 수 있는 관계 당국이나 소비자들의 추가 문의에 대하여 최대한 성실히 협조하도록 하겠습니다. 다시 한번 이번 일로 소비자와 고객사분들께 불편과 우려를 끼쳐드려 진심으로 사과 드리며 당사는 소비자의 안전을 최우선으로 생각하는 신뢰받는 기업이 되겠습니다.

헨켈 기업 커뮤니케이션

말의 힘으로 세상을 바꾸자

헨켈 조사 과정은 한편의 수사 드라마를 방불케 할 정도로 우리 의원실의 전 보좌진이 열정을 다해 매달렸던 사안이었다.

우리는 모두 가습기 살균제 기업들의 부조리를 남김없이 밝혀내야 한다는 사명감을 느꼈고, 모든 보좌진이 사소한 단서 하나도 놓치지 않기 위해 자료 하나하나를 세심하게 파고들었다.

의정 활동 과정에서 감사 대상과 벌이는 피 말리는 공방전은 겉보기에는 고요하다. 공문과 보도 자료의 정제된 문장만으로 폐부를 찌르고 또 방어하기 때문에 서로 정말 격하게 싸우고 있는지 체감이 안 될 때가 많다.

하루는 장 비서관이 보도 자료를 완성하고 이에 대한 기자 회견을 헨켈 측에 정중히 예고한 날이었다. 택시를 타고 여의도에서 마포대교를 건너 집으로 향하고 있었는데, 마침 마포 대교 북단에 위치한 헨켈 타워 꼭대기 층에서 갑자기 불이 환하게 켜졌다. 새벽 2시가 넘은 시각이었다.

우리 보도 자료 때문이었을까? 새벽녘 느닷없이 켜진 헨켈 사무실의 불빛을 보며 장 비서관은 '아, 우리 정말 박 터지게 싸우고 있는 거 맞구나.' 하고 전의를 다졌다고 한다.

당시 나는 대통령실에 가습기 살균제 피해자 면담을 건의하기도 했다.

"이 문제에 대한 보상이나 대책이 쉽지 않습니다. 일단 대통령께서 피해자들과 직접 만나 그분들을 위로하는 것이 좋을 것 같습니다. 그렇게 문제를 사회적으로 공유하고 기업과 국가의 책임을 환기해서 다시는 이런 일이 없도록 해야 합니다."

결국 대통령과 가습기 살균제 피해자의 면담이 이뤄지지는 않았지만, 무엇보다 '정치'의 역할을 통해 두 번 다시 이런 비극을 만들지 말아야 한다는 소신은 바꿀 수 없었다. 모든 국민이 가습기 살균제 피해자의 고통에 공감하고 진심 어린 대안을 추구할 때, '이윤을 앞세워 인간의 고귀한 생명을 함부로 여기는' 끔찍한 상황을 미리 막을 수 있다는 생각을 가습기 살균제 사건을 추적하는 내내 머릿속에서 지울수 없었다.

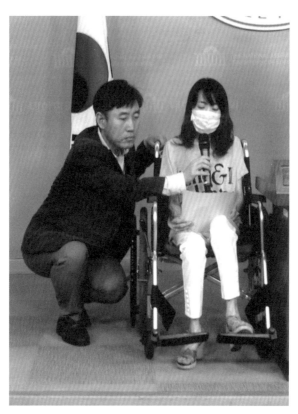

가습기 살균제 피해자와 함께 국회에서 기자 회견 중
(폐 기능이 20퍼센트 밖에 남지 않았던 사진 속 김연숙 씨는 안타깝게도
기자 회견 두 달 후인 2016년 9월 24일 우리의 곁을 떠났다)

언론의 왜곡과 싸우다
故 이예람 중사 사망 사건

국회의원은 정치인이기 전에 선출직 공직자다. 나는 항상 국민의 고통과 함께해야 한다고 생각해 왔고, 언제나 최선을 다하려 노력해왔다. 그러나 안타깝게도 종종 나의 부족함으로 불행에 빠진 국민께 별 도움이 되지 못하는 경우가 있다. 내겐 이예람 중사 사건이 그랬다.

2021년 5월. 공군 제20전투비행단 소속 여성 부사관 이예람 중사가 극단적 선택으로 생을 마감하는 사건이 발생했다. 이예람 중사는 몇 개월 전부터 남성 상관에게 성추행을 당했는데, 이를 상부에 여러 차례 신고했지만 묵살되었다.

그 상황에서 전출 간 부대의 부대원들에게까지 성추행 사실이 유포되자, 심각한 정신적 고통을 이기지 못하고 스스로 삶을 마감한 것이었다. 이 중사가 자살한 5월 21일은 약혼자와 혼인신고를 한 날이기도 했다. 이 때문에 더 큰 국민적 공분이 일어났다.

그런데 이 사건 관련, 의원실 입장에서 한 가지 문제가 있었다. 사건 직후 이예람 중사의 유족 중 한 분이 우리 의원실에 전화를 걸어 도움을 요청했는데, 이 내용을 확인해보는 데 시간이 걸렸다.

전화의 내용은 '모 여군 중사가 군내 성추행 때문에 자살을 했는데 군이 쉬쉬하고 있다. 관심을 두고 알아봐 달라'는 요청이었다.

그런데 당시는 아직 이예람 중사 사건이 정식으로 언론에 보도되기 전이라 보좌진은 처음 접한 제보의 신빙성을 확보하기 위해 자체 조사를 진행하고 있었다. 이 때문에 의원인 나에게 해당 사건 내용이 즉시 전파되지 않았다.

"하태경 때문에 죽었다더라"

우리 보좌진이 유족의 제보를 받고 추가 조사를 수행하던 사이에, MBC가 이 사건을 단독 보도로 내보냈다. 언론으로서 MBC가 이 사건을 단독 보도한 것까지는 좋았다. 문제는 후속 보도였다. '이예람 중사 유족들이 이 사건을 하태경 의원과 신원식 의원한테 제보했지만 묵살 당했다.'는 내용이 사실 확인도 없이 전파를 탔다. 즉 이예람 중사 사건을 보도하면서 어이없게도 〈하태경 제보 묵살〉이 상당한 비중으로 함께 다뤄졌던 것이다.

게다가 MBC의 오보를 조국 전 법무부 장관이 자신의 SNS에 공유하면서 제보 묵살 기사는 일파만파 퍼져나갔다. 이 때문에 나는 순식간에 피해자의 고통을 외면하고 제보를 묵살한 파렴치한 국회의원으로 낙인찍혔다. MBC가 유튜브에 올린 영상에는 무려 7천 개 넘는 비방 댓글이 달렸다.

"하태경, 이 새끼 완전 쓰레기네!"부터 "이예람 중사가 도움을 요청했는데 하태경이 묵살해서 죽었대!" 하면서 황당무계한 비방에 시달렸다.

사실 "하태경 때문에 죽었다."는 너무 황당한 비난이었지만, 그동안 우리를 공격하고 싶던 사람들이 유언비어를 만들어 퍼트리기에는 딱 좋았다. 마치 이예람 중사가 사망하기 전에 하태경 의원실에 도움을 호소했는데 이를 묵살한 것처럼 오해를 일으킬 수 있었기 때문이다.

반박의 어려움

MBC는 제보 묵살로 몰아붙였지만, 이를 무조건 반박하기에는 애매한 부분이 있었다. 의원실에서 유족의 제보 전화를 받은 뒤 제보를 검증하기까지 시간이 며칠 흐른 것은 사실인 데다가, 이 상황을 설명하려면 늦게 보고를 받았다면서 보좌진 탓을 해야 했기 때문이다.

나는 그런 논리는 내세우고 싶지 않았다. 보좌진 탓을 하는 것이 비겁한 행동이라는 생각도 있었고, 뭔가 정치인들이 흔히 써

먹는 뻔한 핑계처럼 들리기도 했다.

무엇보다 우리 방 보좌진들은 다른 의원실에 비해 두세 배 정도 일을 많이 한다는 점을 누구보다 잘 알고 있었다. 그런 상황에서 보좌진 탓을 하게 되면 팀워크에 엄청난 타격이 될 수밖에 없다. 나와 함께 의정 활동을 꾸려가고 있는 보좌진의 사기를 떨어뜨리지 않는 것도 나로서는 매우 중요했다.

하지만, 나도 인간인 이상 너무 말도 안 되는 이유로 두들겨 맞으니 마음이 편할 리는 없었다. 그동안 공직자의 사명감으로 항상 사고 현장에 누구보다 먼저 달려갔는데, 어느 날 갑자기 국민의 고통을 외면하고, 제보를 묵살하는 사람으로 매도되니 억울한 마음이 들기도 했다.

나는 언론, 특히 MBC에 차분하게 상황을 설명하기 위해 노력했다. 언론 합동 브리핑을 마치고, MBC와는 따로 시간을 내서 단독 인터뷰까지 했다.

그럼에도 MBC는 계속 '제보 묵살 프레임'에 나를 가두려 했다. 기자들이 종종 결론을 정해놓고 기사를 쓰는 경우가 있는데 MBC는 계속 "보좌진이 잘못했다."라는 답을 끌어내기 위해 질문을 이어갔다. 하지만 나는 끝내 그 말만큼은 하기 싫었다. 그래서 인터뷰 끝에 "여기까지 하죠."라고 하고 자리를 피했는데 MBC는 이 장면만을 반복해 보여주면서 마치 내가 대답을 회피하고 도망가는 듯한 이미지를 심어 주기도 했다. 여러 가지로 너무 악의적이라는 생각이 들었다.

이건 기사가 아니라 폭력에 가까웠다.

나는 당시에 MBC의 왜곡 보도에 대한 답답한 마음을 담아 장문의 입장문을 발표 했다. (이것은 나의 입장이기도 했고, 보좌진의 절절한 심정이기도 했다)

안녕하세요, 하태경입니다.

MBC는 사실과 다른 보도로 저를 '유가족의 도움 요청을 무시한 배은망덕한 국회의원'으로 만들어 놓았습니다.

유족 측은 5월 27일 목요일 오후 경에 전화로 제보를 주셨습니다. 이 과정에서 담당 비서관은 담당자를 지정하여 사실 확인을 위한 기초 조사를 지시했습니다. 주말 연휴인 29일(토), 30일(일)을 제외하면 제보를 검토할 수 있는 시간은 단 이틀에 불과했습니다. 보통 이러한 기초 조사가 끝나야 결정권자인 저에게 보고가 들어옵니다.

당연히 보고의 시차가 있을 수밖에 없고, 이를 비정상적인 절차로 보기는 매우 힘듭니다. MBC가 이 같은 일련의 상황을 '제보 묵살' 프레임에 가두려는 것은 분명 다른 의도가 있다고 볼 수밖에 없습니다.

MBC 기자는 오늘 마치 피의자를 심문하는 수사관처럼 저에게 "잘못을 인정하느냐?"라는 식의 질문을 퍼부었습니다. 제가 만일 조사 과정에서 범법 행위를 저질렀다면 충분히 이해하겠습니다. 그런데 제보를 받고 결과를 즉시 내지 못했다고 저를 가해자 취급하는 질문이 과연 상식적인 언론사의 태도로 볼 수가 있는지 의문입니다.

MBC의 더 큰 거짓말이 있었습니다. 오늘 유가족 대표께서는 저와의 면담에서 "언론사가 찾아와 '묵살로 할까요?'라고 계속 물어보기에 하태경 의원이 고의로 방기한 게 아니고 전달 과정에 시차가 있는 걸로 안다. 절대 '묵살했다'라고 써서는 안 된다. 라고 신신당부 했다."라고 말했습니다.

그러나 MBC 보도는 오늘 유가족 측의 뜻과 반대로 '제보 묵살'이라는 표현을 써가며 저를 나쁜 국회의원으로 몰아간 것입니다. 가짜 뉴스로 야당 의원 하나 죽인다고, 정부 여당의 책임이 피해집니까?

그런 식이라면 MBC도 똑같이 대답해야 할 사건이 있습니다. 지난해 제가 폭로한 육군 본부의 중국산 CCTV 납품 비리 사건 문제입니다. 이 제보는 원래 MBC에 제일 먼저 제보됐습니다. 하지만 무려 2개월 동안 아무 응답이 없어 결국 저에게로 전달이 된 것입니다. 이 사건은 저희 의원실의 끈질긴 조사로 결국 200억 원 대의 군납 비리 실체가 밝혀졌습니다. MBC는 제가 제보를 4일 동안 응답하지 않아 제보 묵살이라고 하셨지요? 그러면 MBC는 1년 간 군납 비리 제보를 묵살했으니 '군납 비리 언론사'가 되는 것입니까?

여러분도 아시다시피, 저희 의원실은 제보가 많이 옵니다. 보통 직원 한 사람이 20~30 여개의 이슈를 한 번에 처리하고 있습니다. 이 많은 사건을 최대한 효율적으로 관리하려면 최소한의 사실 확인 절차가 필요합니다. 이 과정을 '묵살'로 볼 수 없는 것입니다.

하태경 의원실 출처의 뉴스는 언제나 세상을 바꿨다는 자부심이 있었습니다. 그래서 당장 내일, 내일 모레도 저희가 조사한 사건의 결과를 발표할 뉴스가 많이 남아 있습니다. 이 사정을 잘 아는 언론사가 저를 이렇게 악의적으로 몰아가니 황망하고 답답한 마음뿐입니다.

여러분, 가짜 뉴스에 속지 마십시오. 오늘 MBC 보도의 문제는 추후 그 잘못이 명백하게 밝혀질 것입니다.

보좌진은 언론 중재 위원회에 MBC를 제소하자고 주장했다. 내 입장에서도 꼭 해야겠다는 생각이 들었다. 결국 사건은 언론 중재위로 갔고 판결은 쉽게 이겼다. (당시 MBC의 사실 왜곡이 너무 심했던 터라, 우리 사건을 맡은 언론 중재 부장이 MBC 측을 대리한 변호사에게 호통을 치기도 했다) 결국 MBC는 언론중재위 조정에 따라 관련 기사와 영상 일체를 모두 삭제했다.

유족과 '원 팀'이 되다

처음엔 오해가 있었던 이예람 중사 유족들과의 관계도 나중에는 모두 풀렸다. 유족들은 즉답이 오지 않아 다소 서운한 감정을 토로했을 뿐 꼭 하태경을 욕해달라고 요청한 것은 아니었다.

특히 이예람 중사의 아버님과는 그 후에 더 가까운 사이가 되었다. 국방위 현안 질의 때는 거의 실시간으로 유족들의 궁금증을 대신 물어보기도 했다. 아버님께서 국방부 현안 보고를 TV로 보고 있다가 "이거 질문해 주세요."라고 문자를 보내면 내가 바로 그 자리에서 장관에게 질문을 하는 식이었다.

국회 상임위는 실시간으로 중계 방송을 하기 때문에 유족들도 방송을 지켜보면서 '이 대목은 여기가 허점이다.' '이 말은 거짓말이다' 등의 코치를 해 주기도 했다. 그야말로 실시간으로 서로 소통하면서 정부 측 답변의 허점을 찾아냈던 것이다.

(나는 장관에게 질문하면서 "이 방송을 유족이 보고 계시다. 이 내용을 물어봐 달라고 요청을 하셔서 묻는다."라고 고지를 하고 질의를 했다)

유족을 대변하는 창구이자 일종의 대변인 역할을 한 셈이다. 나는 이 역시 국회의원의 중요한 역할이라고 생각한다. 유족들이 현장도 가장 잘 알고, 물어보고 싶은 것도 제일 많기 때문이다. 이 때문에 현안 질의 때 '어떤 내용을 질의하면 좋겠는지' 유족 측 의견을 먼저 듣지만, 부족할 경우 이런 식으로 실시간 문자를 받으면서 현장에서 질의를 하기도 한다. 서해 공무원 때도 그랬고, 이예람 중사 사건 때도 그랬다.

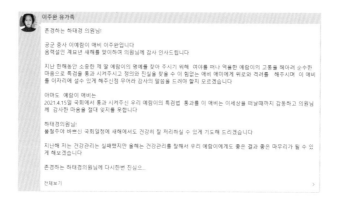

뼈저린 교훈을 얻다

마린온 추락, 최영함 홋줄 사고, 서해 공무원 사건 등은 소식을 듣자마자 사고 현장으로 달려갔던 경우였다. 반면 이예람 중사 사건은 언론에 전혀 나오지 않았기 때문에 상황 파악과 제보 검증에 시간을 쓰다가 호된 수업을 받은 사건이었다.

결국 나는 사건 초기에 유족들과 신뢰를 형성하지도 못하고 '의원실 입장은 그게 아니었다'는 해명에 급급해야 했다. 고통을 당한 국민들과 공감하고 위로하는 것이 의정 활동의 중심이 되어야 한다고 생각해 왔는데 이에 실패하고 있었던 것이다.

비싼 수업료를 치른 이후, 나는 보좌진과 함께 한 가지 중요한 원칙을 세웠다. 사망 사건 같은 중대 사안에 대해서는 유족들이 큰 상실감에 빠져 있으므로, 좀 더 신속하게 보고 체계를 가동하기로 뜻을 모았다.

사람이 죽음에 이른 상황에서는 유족들이 심정적으로 격앙되어 있는 경우가 많다. 그런 상황에서는 사소하지만 국회의원으로부터 위로 전화라도 받으면 '날 도와 줄 사람들이 있구나!'라고 안심을 할 수 있기 때문에 일단 사건을 공유하고, 별도의 대안이 없다 하더라도 무조건 유족에게 달려가 손을 내미는 행동이 필요하다. (특히 군 내부의 성 비위 사안에서는 '보안'이 체질화 되어 있는 국방부가 자세한 정보를 주지 않으려 하는 경향이 강하기 때문에 자료 요구 등으로 시간을 보내면 안 된다는 사실도 중요한 교훈이었다)

충격이 가시기도 전에 발생한 해군 성추행 사건

안타까운 일은 이예람 공군 중사 사건의 충격이 채 가시기도 전에 해군에서 똑같은 사건이 발생했다는 것이다. 이번에도 역시 상사로부터 성추행을 당했다고 신고한 해군 중사가 부대 숙소에서 숨진 채 발견되었다. 피해자는 성추행을 신고한 뒤 가해자와 분리된 상태였고, 상사에 대한 수사가 진행 중이었다.

이예람 중사 사건 이후 의원실은 사망 사고 관련 내부 대응 방침을 새로 정립한 상태라 이때는 보좌진과 내가 매우 신속하게 움직였다.

사건이 전달되자마자 어느 병원에 장례식장이 마련되었는지 먼저 파악한 다음 곧바로 병원으로 달려갔다. 현장에 도착해 보니 마침 병원 주변에서 유족으로 보이는 사람들이 웅성웅성 모여 있는 모습이 눈에 띄었다. "혹시 유족이신가요?"라고 물어보니, 숨진 해군 중사의 가족이 맞았다.

"저는 국회의원 하태경입니다. 혹시 뭐 도와드릴 게 없는지 유족들의 말씀을 들어 보려고 왔습니다."라고 했더니 피해자의 아버지께서 원통하고 답답한 마음을 한참이나 얘기해 주셨다.

나는 "도움이 필요한 부분이 있으면 언제든지 얘기해 달라!"고 전화번호를 주고 돌아왔는데 그때 아버님으로부터 받은 해군 중사의 '카톡 캡쳐본'을 다음 날 아침에 바로 국회 기자 회견장에서 발표하기도 했다.

"그 지난번에 미친넘 있었잖아요.
근데.... 일해야 하는데 자꾸 배제하고 그래서
우선 오늘 그냥 부대에 신고하려고 전화했어요.
...
제가 스트레스를 받아서 안될 것 같아요.
...
신경쓰실 건 아니고 그래도 알고는 계셔야 할
것 같아서요."

해군중사가 부모님께 보낸 카톡 내용

군사 행정 문민화 공약

전 국민적인 분노와 실망에도 불구하고, 군대 내 성폭력과 은
폐 사고는 근절되지 못했다. 이후 비슷한 유형의 사건이 몇 차례
더 반복되었다. 해군 중사의 사망 시점을 보면 더 기가 막히다.
이예람 중사 사건으로 육해공군 참모총장이 모조리 국회에 불려
와서 "군내 성폭력 문제를 더더욱 철저하게 근절하겠다."라고 깊
은 반성을 언급하던 그 순간에도 또 다른 사건이 벌어지고 있었
던 것이다.

나는 해법의 초점을 어디에 맞춰야 할지 고민되었다. 이런 문
제가 불거질 때마다 여론은 항상 "강력한 처벌"을 주문했다 하지
만 나는 문제의 핵심이 '군 내 은폐 문화'에 있다고 생각했다. 보
안과 명령으로 상징되는 군의 독특한 조직 문화 때문에 성폭력

피해자들이 쉽게 조직 내부에서 문제 제기를 하지 못하고 조직적 은폐라는 거대한 벽에 부딪히게 된다.

따라서 문제를 근본적으로 해결하려면 일단 국방장관부터 '민간인 출신'으로 임명해야겠다는 생각이 들었다.

이런 맥락에서 2021년 대통령 선거 당내 경선에 출마했을 당시, 나는 '군사 행정 문민화'를 공약으로 내놓았다. 군내 병폐의 원인이 같은 군 출신끼리 서로의 약점마저 덮어주는 끼리끼리 조직 문화에 있다고 보고 군 상층을 아예 행정 혁신 전문가로 채워서 근본적인 수술을 하자고 제안했다.

편견과 궤변에
맞서다

총선을 중국 공산당이 조작했다고?
팔로우 더 파티 사건

2020년 4월 총선은 보수 정당에겐 충격적인 선거였다. 문재인 정부 3년 차에 치러지는 선거의 특성상 정부 심판론이 높을 것으로 기대했지만 결과는 정반대였다. 코로나 위기가 오히려 정부 여당에 힘을 몰아주는 결과를 낳았다.

그 결과 보수당(미래통합당)은 100석을 간신히 넘겼고, 여당이던 민주당은 180석 가까운 의석을 얻는 대승을 거두었다.

그러자 충격에 빠진 보수 진영 일각에서 이 선거가 부정 선거였다고 주장하며 선거 결과 자체를 부정하는 세력이 등장한다. 이른바 '부정 선거파'로 불리는 집단이었다.

황당한 부정 선거 주장들

2020년 4·15 선거를 계획적인 부정 선거로 규정하는 사람들의 주장 중에는 황당함을 넘어 재미있기까지 한 내용들이 많다.

대략 재밌는 주장을 뽑아 보면 이렇다.

- 민주당이 모든 선거구에서 본 투표보다 사전 투표 득표율이 10~15퍼센트 높은 결과가 나왔는데 이는 확률적으로 내일 당장 태양이 폭발할 확률과 같다.
- 수도권 모든 지역의 사전 투표 득표율이 민주당 63 대 미래통합당36 으로 나왔다. 이는 동전 1,000개를 한꺼번에 던졌을 때 모두 앞면이 나올 확률이다.
- 강압적이고 딱딱한 분위기에서 투개표 참관인들은 증거를 촬영하기도 힘들었다.
- 선거 이후 각 지역 물류 창고 및 폐기물 처리장에서 집중적으로 화재가 발생했는데 이것은 부정 선거의 증거를 없애기 위한 활동으로 의심된다.
- 대법원, 검찰, 선관위, 언론, 정당 등이 일제히 침묵하고 있는 이유는 이미 검찰과 선관위는 물론 대법원도 정부편이고, 언론도 매수가 끝났기 때문이다.
- 언론이 이런 큰 이슈를 기사 한 줄 안 내보내는 이유는 부정 선거를 위해 상당히 오래전부터 물밑 작업이 이루어졌기 때문이다.
- 야당 의원들도 이미 정부의 무서운 권력을 알고 있기에 침묵하고 있다. 진실을 눈감아주는 조건으로 적당히 합의한 의원도 있다.

부정 선거파는 이런 주장과 함께 구체적인 부정 선거의 증거라며 이런 사실들을 내세우기도 했다.

- 수백 개씩 포개진 접히지 않고 빳빳한 투표지가 나왔다.
- 중국에서 제작된 게 분명한 투표용지가 나왔다.
- 우표처럼 투표용지끼리 붙어 있는 투표지가 있었다.
- 삼립 빵 상자에 담겨 나온 사전 투표용지도 나왔다.
- 구멍이 뚫렸고 봉인이 훼손된 사전 투표 보관 박스가 나왔다.
- 서초을 선거구의 투표지가 분당을 지역구에서 발견되었다
- 전자 개표기에서 무효표가 1번으로 가는 장면이 목격되었다.
- 전자 개표기는 이라크 부정 선거에 사용된 개표기다
- 어떤 지역에서는 지역 인구수보다 많은 수가 투표했다.

팔로우 더 파티

그러나 뭐니 뭐니 해도 부정 선거론의 압권은 민경욱 전 의원이 내세운 '팔로우 더 파티' 주장이었다.

민경욱 전 의원은 21대 국회의원 선거를 부정 선거로 규정하는데 앞장선 부정 선거파의 대표적 인물이다. 그는 2020년 5월, 21대 국회의원 총선 결과를 조작하는 일에 중국 공산당의 해커가 개입했다는 주장까지 제기했다.

즉 중국 측 컴퓨터 기술자들이 한국의 선거 관리 전산망에 개입해서 전산 결과를 조작했다는 얘기다. 재밌는 것은 이때 민경욱 전 의원이 전산 조작의 증거로 제시한 이른바 '팔로우 더 파티' 주장이었다.

민경욱 전 의원의 주장에 따르면 '팔로우 더 파티'는 중국 공산당 해커가 숨겨놓은 일종의 암호다. 컴퓨터 통신은 숫자로만 돼 있어서 필수적으로 '아스키코드' 값을 구한다. 아스키코드는 숫자에 일반 영문자를 대응시킨 표로서 현재 모든 컴퓨터와 스마트폰이 채택하고 있는 문자 표현 방식이다. 아스키코드는 7비트의 이진수 조합으로 만들어져 총 128개의 부호를 표현하는 방식인데 아스키코드로 변환한 문자에는 특수기호와 알파벳 등이 있다.

요컨대 민경욱 전 의원의 주장은 총선 선거구 별 득표수를 복잡한 절차를 거쳐 변환하고, 그 숫자 배열을 아스키 문자로 바꿔보면 FOLLOW THE PARTY가 나온다는 것이었다.

(중국 공산당의 구호가 '영원히 당과 함께 가자'이기 때문에 민경욱 전 의원의 논리에 따르면 'FOLLOW THE PARTY'는 중국 공산당을 따르자는 뜻이 된다)

해커는 전산 조작을 공개적으로 자랑할 수 없는 일이기에 자기만 아는 표식을 무수한 숫자의 조합에 흩뿌려 놓았고, 이를 민경욱 팀이 발견해 냈다는 주장이었다.

그들은 FOLLOW THE PARTY라는 암호 같은 문구를 숫자의 배열에서 찾아내 2진법으로 푼 뒤 앞에 0을 붙여서 문자로 변환시키는 방법으로 구호를 찾아냈다고 주장했다.

민경욱 전 의원은 FOLLOW THE PARTY야말로 이번 부정 선거에 중국이 개입했다는 확실한 증거라고 주장하며 "중국과 내 통해 희대의 선거 부정을 저지른 문재인은 즉각 물러나라!"라고 기자 회견을 열기도 했다.

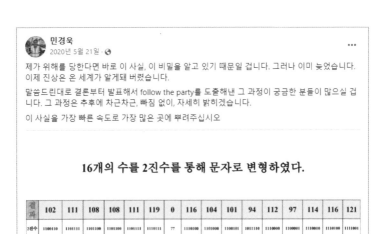

제가 위해를 당한다면 바로 이 사실, 이 비밀을 알고 있기 때문일 겁니다. 그러나 이미 늦었습니다. 이제 진상은 온 세계가 알게돼 버렸습니다.

말씀드린대로 결론부터 발표해서 follow the party를 도출해낸 그 과정이 궁금한 분들이 많으실 겁니다. 그 과정은 추후에 차근차근, 빠짐 없이, 자세히 밝히겠습니다.

이 사실을 가장 빠른 속도로 가장 많은 곳에 뿌려주십시오

16개의 수를 2진수를 통해 문자로 변형하였다.

결과	102	111	108	108	111	119	0	116	104	101	94	112	97	114	116	121
2진수	1100110	1101111	1101100	1101100	1101111	1110111	??	1110100	1101000	1100101	1011110	1110000	1100001	1110010	1110100	1111001
0+	01100110	01101111	01101100	01101100	01101111	01110111		01110100	01101000	01100101	01011110	01110000	01100001	01110010	01110100	01111001
문자	F	O	L	L	O	W	??	T	H	E	^	P	A	R	T	Y

전직 은행원의 분노

민경욱 전 의원이 암호처럼 숨겨둔 FOLLOW THE PARTY를 발견했다고 주장하자, 시민 한 분이 우리 의원실에 찾아왔다. 그는 전직 은행원 출신이었는데 민경욱 전 의원이 주장하는 수식을 분석해서 "이건 정말 말도 안 된다. 민경욱의 주장은 귀에 걸면 귀걸이 코에 걸면 코걸이"라는 설명을 해 주었다. 나는 시민이 주신 논리적 분석 방법을 정리해서 기자 회견을 열고 다시 한

번 부정 선거파의 논리를 반박하기도 했다.

"한 시민이 민경욱 전 의원이 주장하는 공식에 따라 숫자를 알파벳 문자로 변환한 결과 FOLLOW THE PARTY 중 F, H, E, A 네 문자만 일치했습니다. 나머지 문자는 수치를 조작해 억지로 만들어진 것으로 확인됐습니다. 그 방식대로 수치를 조작하면 모든 형태의 문자 조합이 가능합니다. 민 전 의원의 주장은 FOLLOW THE GHOST였던 것입니다."

요컨대 민경욱 전 의원의 논리는 마치 지만원 씨의 5·18 광수 주장처럼[38] 두 사람의 얼굴 사진을 그냥 옆에 갖다 놓고, 코는 코끼리 연결하고 눈은 눈끼리 선을 그어 놓은 다음 (그 줄이 뭘 의미하는지 모르겠지만) 양자가 일치한다는 사실이 확인되었다고 주장하는 것과 똑같은 논리였던 것이다.

부정 선거론은 달콤한 마약

민경욱 전 의원의 부정 선거론은 황당한 궤변이기 전에 선거 패배의 책임을 '부정 선거 때문'으로 치부해 버리는 치명적인 해악을 담고 있었다.

---

38 '5·18 폄훼와 싸우는 보수' 편 참조

정치는 선거를 통해 혁신의 동력을 찾기 마련이다. 왜 패배했는지 냉철한 분석을 통해 어떻게 혁신할 것인가에 대한 대안을 찾아가는 것이 정치 발전의 일반적 과정이다.

　그러나 부정 선거론은 이러한 메커니즘을 일거에 무력화시킨다. '선거 자체가 부정이기 때문에 그 결과를 가지고 혁신을 논할 이유가 없는 것이다. 즉 부정 선거론의 본질적 효과는 말 그대로 '화풀이'에 있다.

　내가 부정 선거론을 달콤한 마약으로 여기는 이유는 이 때문이다. 부정 선거론 같은 괴담이나 음모론은 패배의 원인을 외부로 규정해 결국 혁신을 방해한다. 패배를 혁신의 에너지로 삼지 못하는 순간 정치는 정체될 수밖에 없다. 진영의 맹목적 수호자들에게 궤변과 음모론은 말하기 쉽고 편리한 주장이지만, 결국 장기적으로는 스스로를 망치는 마약이 되는 것이다.

　그러나 안타깝게도 부정선거론은 보수 정당 내부로 급속히 스며들었고 당은 명확하게 선을 긋지 못했다. 이것은 너무나 위험한 현상이었다. 내가 전례 없이 강경한 어투로 부정 선거론 비판에 앞장섰던 것은 이러한 위기 의식 때문이었다.

　나는 여러 차례 기자 회견을 열어 민경욱 전 의원의 주장을 조목 조목 비판했다. 그러자 예상했던 대로 우파 진영 내부에서 엄청난 비난과 항의가 쏟아져 들어왔다. 부정 선거파의 조직적 항의였다. 내가 부정 선거를 인정하지 않는다면서 "하태경 너 우파 맞아?" 하며 길에서 호통 치는 사람들도 있었다.

하지만 나는 부정 선거파와의 투쟁을 두려워하지 않는다. 이 문제가 단순한 일회성 파문이 아니라 향후 우리 정치의 더 큰 문제로 다가올 것으로 보기 때문이다. 내부에서 자기 한계와 문제를 성찰하고, 진솔하게 원인을 분석하기보다 외부적인 괴담과 음모론에 몰두하는 경향은 비단 20대 총선 이후 보수 진영의 부정 선거파에 국한되지 않는다.

2022년 대선 이후 민주당도 선거 패배에 대해 제대로 된 평가를 하지 않은 채 그냥 넘어갔다. 평가를 해 봐야 현재의 당 지도부에 대해 좋은 말이 나올 리 없기 때문이다. 결국 성찰의 소재를 괴담과 음모론으로 퉁치고 넘어가는 현상은 한국 정치 전반에 걸쳐 심해지고 있다. 이것은 앞으로 우리 정치 발전을 가로막는 커다란 장애물이 될 것이다.

후일담

보수 진영이 총선에서 대패한 상황에서 패배의 후유증을 어떻게 수습할 것인지 당의 진로와 방향을 놓고 2가지 주장이 대립했다. 당시는 김종인 선대 위원장을 영입해서 선거를 치른 상태였지만, 선거 이후 황교안 당 대표가 사퇴하고 심재철 원내 대표가 당을 이끌면서 결국 김종인 위원장도 물러나는 상황이었다.

이 때문에 비상 의원 총회가 열렸고 (새 지도부를 뽑는) 전당 대회를 치를 것인지 아니면 (임시 지도부를 세우는) 비상 대책위를 만들 것인지 치열한 논쟁이 벌어졌다. (전당 대회를 하면 수십만 명의 당원 투표로 당 대표를 선출하는 반면, 비상 대책위원회는 천 명 규모의 대의기구에서 위원장과 위원을 선출한다)

"선거 졌는데 비대위 체제로 가야 된다."
"아니다. 비대위는 필요 없다. 전당 대회를 바로 치러야 된다."

이렇게 두 가지 주장이 대립했다. 처음엔 "전당 대회를 치러서 다시 전열을 정비하자."라는 조기 당대회론이 더 우세했다. 그렇지만 내가 발언대에 나가서 한마디로 간단하게 논란을 정리했다.

"지금 바로 전당 대회를 열어 당원 투표를 하면 누가 당 대표가 될 것 같습니까? 민경욱이 됩니다!"

모든 의원들이 그 말을 듣고는 '비대위 체제'로 방향을 틀어버렸다.

'삐라 쇼'의 진실을 밝히다!
대북 전단의 진정성

나는 국회의원이 되기 전, 북한 인권 운동에 종사하는 NGO 활동가였다. 중국을 오가며 탈북자들을 지원하고 열린 북한 방송을 설립해 북한으로 라디오 방송을 송출했다. 내가 국회에 들어온 이후에도 북한 인권 운동 진영에는 아직도 많은 단체와 활동가들이 물심양면으로 헌신하고 있고 나는 그분들을 친정 식구처럼 여기고 있다.

그런데 내가 한 가지 이해할 수 없는 일이 있었다. 탈북자 출신으로 북한 인권 운동 진영의 일원인 '자유북한운동연합' 박상학 대표가 주도하는 대북 전단 보내기 운동이 그것이었다.

보통 사람들은 '삐라'라고 하면 북한에서 날아오는 손바닥만한 선전물을 떠올리지만, 북한 민주화 운동 활동가들이 말하는 '삐라'는 우리가 북한 쪽으로 날려 보내는 대북 전단을 의미한다.

대북 전단은 대한민국의 자유로운 현실 등을 기록한 작은 선전물인데 보통 이러한 삐라를 미화 1달러와 함께 거대한 풍선에 넣어 북한으로 날려 보낸다.

대북 전단지 살포에 있어 가장 중요한 고려 사항은 '바람의 방향'이다. 풍선에는 아무런 조향 장치가 없어서 무조건 바람이 부는 쪽으로 날아갈 수밖에 없기 때문이다. 대북 전단을 실은 풍선이 남쪽으로 갈지 북쪽으로 갈지는 전적으로 그날 바람의 부는 방향에 달려있다. 말 그대로 바람에 실려 보내는 것이다.

실제로 바람의 방향이 잘못되어 북측으로 날린 대북 전단이 모두 우리나라에 떨어지는 경우도 있다. 강화도나 김포에서 날린 삐라가 바람을 잘못 타면 북한으로 가지 않고 엉뚱하게 남쪽의 고양시나 서울로 날아와 뿌려진다.

따라서 진정으로 북한 민주화를 염원하는 마음으로 삐라를 날리려면, 평상시에 만반의 준비를 하고 있다가 바람의 방향이 맞아 떨어지는 날 대북 전단을 기습적으로 날려야 한다.

그렇다면 바람의 방향은 어떻게 알 수 있을까? 기상청이 하루 이틀 전에 발표하는 예보 자료에 의존하는 수밖에 없다. 이 자료를 보고, '상층 바람'의 방향을 확인한 뒤, 그때부터 장소를 정하고 삐라를 보내기 위한 실무 작업을 해야 한다.

그런데 이상하게도 박상학 씨와 자유북한운동연합은 1주일~열흘 전에 "언제 어디서 대북 전단을 날리겠다."라며 '예고'를 하는 경우가 많았다. 바람의 방향을 알 수 없는 시점에 마치 이벤트를 하듯이 보도 자료를 미리 언론에 뿌리고 취재를 유도하는 것이다.

이런 방식이 문제가 되는 이유는 첫째, 군사 안보 지역에 살고 계신 접경지 주민들의 안전 때문이다. 북한은 대북 전단에 대해 매우 민감하다. 북한은 대북 전단을 날린 바로 그 지점을 장사정포 등으로 타격하겠다고 공언했다. 이 때문에 접경지 주민들은 대북 전단 살포 문제에 대해 불안감을 느낀다.

문제가 된 대표적 사건이 2014년 10월 25일에 임진각에서 있었던 박상학 그룹과 파주 시민 간의 충돌이다. 박상학 대표는 사건이 일어나기 2주 전부터 언론에 파주에서 대북 전단을 담은 풍선을 날려 보내겠다고 공표했다. 그러자 파주 시민들은 농기계 등을 이용해 박상학 일행의 진입을 몇 시간 동안 저지했고 그들의 삐라를 뺏기까지 했다. 이날 파주 지역 식당, 상점들조차 박상학 일행에게 장사를 하지 않았다.

백령도에서도 같은 문제가 있었다. 서해 최북단에 위치한 백령도는 평양까지 전단을 보낼 수 있는 사실상 유일한 지역이다. 2011년까지는 백령도에서 '조용하게' 평양으로 꽤 많은 양의 전단을 날렸다. 그런데 박상학 대표가 요란하게 백령도에서 대북 전단을 날리겠다고 사전 홍보를 하는 바람에 불안해진 백령도 주민들이 삐라 트럭[39]을 막아서는 일이 벌어졌다. 그 이후 삐라 트럭은 백령도에 진입하지 못하게 되었다. 백령도는 트럭을 배에 싣고 들어가지 않으면 대북 전단 작업이 불가능한 지역이기 때문에, 이후 백령도에서 대북 전단을 날리는 일은 사실상 중단

---

39 삐라 트럭의 핵심은 가득 실려 있는 수소통이다. 원래 풍선에 넣는 가스는 헬륨이 좋지만, 헬륨이 비싸서 수소를 쓴다. 하우스용 비닐에 수소를 불어 넣은 후 대북 전단지와 타이머 장치를 매달면 풍선을 날려 보낼 준비가 끝난다.

되고 말았다. 대북 심리전의 중요한 무기 하나를 상실한 것이다.

이렇듯 공개적인 대북 전단 퍼포먼스는 북한의 도발을 유도하고, 접경 지역 주민들을 적대 세력으로 만들어서 오히려 북한 인권 운동의 기반을 스스로 파괴하는 행동이었다.

공개적으로 삐라를 날리는 이유

이런 부작용에도 불구하고 굳이 지역 주민들의 안전까지 위협하면서 공개적으로 대북 전단을 뿌리는 까닭은 무엇일까? 그것은 최대한 떠들썩하게 대북 전단을 날려야 '언론의 관심'을 끌 수 있고, 각종 미디어 노출로 유명세를 타야 후원금도 늘어나기 때문이다. 실제로 공개적인 삐라 퍼포먼스 이후, 박상학 그룹이 북한 인권 운동을 위한 해외 지원금을 거의 독점한다는 말이 나돌기도 했다.

풍선은 원시적인 방식 같지만, 사실은 매우 위력적인 무기다. 풍선은 레이더에 걸리지도 않으며 열이나 소리도 없기 때문에 "내가 삐라 뿌린다!"라고 미리 동네방네 떠들고 다니지만 않으면 북측이 사전에 발견해서 대응하기가 무척 힘들다. 그래서 진정한 북한 인권 운동 활동가들은 대북 전단 날리기 사업을 철저히 비공개로 진행한다.

그런데 박상학 대표는 보도 자료를 뿌리고 언론 플레이를 하면서 홍보성 대북 전단 살포 활동을 했다. 그 결과 우리는 북한 인권 운동의 중요한 전략적 수단을 잃게 될 위기에 빠졌던 것이다.

보여 주기가 아닌 진짜 운동을 위해

나는 박상학 대표의 잘못된 운동 방식에 제동을 걸어야겠다고 생각했다. 이미 전부터 많은 북한 인권 운동 활동가들은 박상학 대표의 방식을 '삐라 쇼'라 부르며 비판하고 있었다. 실제 운동 성과보다 외부에 보여 주기식 행사에 치중하고 있다는 것을 모두가 인지하고 있었던 것이다.

처음엔 과연 문제 제기를 하는 게 옳은지 고민이 되기도 했다. 나는 박상학 씨와 오래 전부터 잘 알고 있었고, 북한 인권 운동은 나의 정치적 친정 같은 곳이기 때문이었다. 국회의원이 되어서 도와주지는 못할망정 친정 식구들을 향해서 돌을 던지는 것 아니냐는 비난을 받을 수도 있었다. 진영 논리 차원에서 보면 북한 인권 운동 출신 국회의원이 보수 진영 내부를 공격하는 것으로 비칠 우려도 있었다.

하지만 나는 용기를 내서 목소리를 내야겠다고 생각했다. 어떤 운동이건 진정성에 대한 신뢰가 무너지면 운동으로서의 생명력을 상실한다는 것이 나의 오랜 믿음이다. 만약 북한 인권 운동에 '사기성'이 있다는 의심이 들게 된다면 사람들은 더 이상 이 운동에 따뜻한 미소를 보내 주지 않을 것이기 때문이다. 바로 이 대목이 박상학의 퍼포먼스가 갖는 가장 큰 위험성이었다.

단기적으로는 당장의 후원금이 좀 더 들어올지는 몰라도 장기적으로는 이런 문제가 북한 인권 운동에 대한 근본적인 신뢰를 깎아먹을 것이라는 위기감 속에서 나는 뭔가 행동하지 않을 수 없었다.

기상청 데이터로 삐라 쇼의 진실을 폭로하다

문제는 박상학 씨의 행태가 왜 운동이 아니고 '삐라 쇼'인지? 정확한 근거를 제시하는 것이었다. 많은 정치적 부담을 안고 수행하는 비판이었기 때문에 '감정적 비난'이 아니라 '과학적 근거를 갖는 합리적 비판'의 논리를 찾는 게 중요했다.

이 문제를 진지하게 고민하던 중에 한 가지 좋은 아이디어가 떠올랐다. 기상청에서 제공하는 과거 풍향 자료를 보면 박상학의 삐라가 정말 북측으로 갔는지 여부를 확인할 수 있지 않겠느냐는 생각이었다. 만약 기상청 자료를 근거로 진실을 확인하게 된다면 그것은 말 그대로 과학적 데이터에 근거한 완벽한 팩트 체크가 될 수 있었다.

우리는 즉시 기상청 홈페이지를 통해 풍향 데이터를 다운 받았다. 그리고 이를 박상학이 언론에 공표한 대북 전단 살포 시점과 대조해 당일의 풍향을 일일이 확인하는 작업을 진행했다.

작업 결과는 예상대로였다. 박상학 씨가 날린 7회의 대북 전단 살포 이벤트 중 6회가 풍향이 맞지 않는 날에 실행된 사실이 드러났다. 이로써 우리는 보여 주기식 이벤트를 위해 바람의 방향이 안 맞음에도 삐라를 뿌려 왔다는 확실한 증거를 갖게 되었다. 박 대표가 날린 대북 전단이 대부분 북한으로 가지 않았음을 객관적인 기상청 자료를 토대로 밝혀낸 것이다.

바람의 방향이 안 맞는 걸 알면서도 삐라를 뿌렸다면, 그것은 말 그대로 삐라 쇼라고 할 수밖에 없었다. 우리는 해명의 기회를 주기 위해 자유북한운동연합을 상대로 대북 전단에 부착한 GPS 자료를 공개하라는 요구를 전달했다. 하지만 아무런 답변을 들을 수 없었다. 9년 동안이나 대북 전단을 뿌리고도 GPS 자료조차 없다면 대국민 사기일 뿐이라는 확신이 더 강하게 들었다.

곧바로 국회 기자 회견장에서 일침을 날렸다.

"자유북한운동연합 박상학 대표가 그동안 날린 삐라 풍선이 북한으로 간 증거가 없다. 박 대표는 이벤트를 중지하고 국민에게 사과하고 희대의 사기극을 중단하라!"

하태핫태 하태경 ✓
2014년 11월 18일 · ⊙

하태경 "언론사전공개 대북 삐라 대부분 대한민국 향해"
- 경찰청 수거 4건의 대북전단 모두 언론 사전 공개 살포 전단들
- 총 7회 대북전단 중 6번, 바람의 방향 맞지 않아 북으로 안 가
- 언론 노출 위해 큰 글씨 써서 보내는 행위도 풍선 안정성 크게 저해
- 정확히 북으로 보낸 후 사후 언론공개가 더욱 바람직 ... 더 보기

대북전단 수거현황 및 사진

/시간	수거일시	발견장소	살
동산 (11:00)	1월 15일 13:45	용인시 처인구 모현면 일산리	자유북(
가	3월 23일 13:00	의정부시 의정부동	자유북(
가	7월 14일 14:08	여주 점동면 장안리	자유북(
동산 (11:00)	10월 11일 06:52	평택시 오성면 안화리	자유북(

시 모현면(1월 15일)

의정부시 의정부동(3월

시 점동면(7월 14일)

평택시 오성면(10월

대북전단 살포 시 파주인근 고층 바람

살포 일자	살포 시간	살포 장소	1500고도 풍향	전단 예상 도착지역
월 15일	11시	파주 오두산통일전망대	서풍	경기도/강원도
월 25일	11시	파주 오두산통일전망대	서풍	경기도/강원도
월 3일	오전	파주 오두산통일전망대	북서풍	경기도/충북
월 15일	오전	파주 통일동산	남서풍	북한 문남부
월 21일	10시	파주 탄현면	북서풍	경기도/충북
월 10일	11시	파주 오두산통일전망대	북동풍	서해바다/경기도
월 25일	13시	김포시 월곶	서풍	경기도/강원도

대북전단 살포 시 바람 방향 및 수거장소

진정성을 상실한 시민 운동은 혁신의 대상

2023년, 나는 〈국민의힘 시민 단체 선진화 특위〉 위원장을 맡았다. 일부에서는 이런 기구를 만들어 '시민 사회의 목을 조르려 하는 것 아니냐'며 비난하기도 한다. 하지만 시민 운동 출신으로 국회의원이 된 나로서는 좌, 우를 막론하고 고인 물을 넘어 점점 썩은 물이 되고 있는 한국 시민 운동 일각에 대한 수술이 필요하다고 느꼈다.

우리나라는 민주화 운동 시절을 거치면서 시민 운동과 시민 단체가 사실상 '성역화' 되어 왔다. 그 결과 언제부터인가 '시민 단체'는 그럴듯한 명분을 만들어내는 거대한 공장이 되었고, 국민 세금 등으로 막대한 보조금을 지원 받는 일이 많아졌다. 그럼에도 불구하고 시민 단체라는 이유로 제대로 된 감시를 받지도 않았다.

이미 문재인 정부 시절, 위안부 할머니들을 지원하는 정의기억연대 후원금 유용 사태가 불거져 큰 문제가 된 바 있다. 출근길 시민들에게 극심한 불편을 초래했던 지하철 운행 방해 시위로 유명한 전장연(전국장애인철폐연대)도 산하 단체들이 거액의 정부 보조금을 받았다.

2023년 일제강제징용피해자 보상 사건에서는 피해자 유족을 대리한 〈시민 모임〉이 유족에게 보상금의 20퍼센트를 요구하는 이중적 모습을 보이기도 했다.

이제 성역화 되어 있던 한국의 시민 사회도 혁신이 필요하다. 비판의 칼을 휘두른 적은 많아도, 비판을 받아본 적은 없었던 시민 단체에게도 검증의 시간이 찾아온 것이다.

　일부에서는 이를 '좌파 때려잡기' 같은 식으로 오도하고 있지만, 나는 시민 단체의 낡은 행태에 대한 건전한 압박과 비판이 오히려 향후 시민 단체에 대한 국민의 신뢰를 높여 새로운 시민 운동의 등장에 이바지할 것이라고 생각한다.

　국회의원 역시 한 명의 정치인으로서 종종 실체는 없는 허명의 유혹을 느끼는 경우가 많다. 그러나 나는 누구보다 잘 알고 있다. 진정성을 상실한 채 이벤트와 퍼포먼스로만 채워지는 운동은 결코 오래 갈 수 없다는 사실을. 내가 좌, 우를 막론하고 시민 단체에 쌓인 오래된 적폐를 청산하기 위해 노력했던 것은 바로 이런 신념 때문이다.

페미 나치와의 투쟁
워마드의 최종근 하사 조롱 사건

2019년 무렵, 나는 '워마드'라 불리는 극단적 페미니스트 그룹과 한바탕 전쟁을 치르고 있었다. 워마드(Womad)는 아예 공개적으로 '남성 혐오 커뮤니티'를 표방할 정도로 급진적인 여성주의 성향의 웹사이트다. 'Womad'는 Woman과 Nomad(유목민)을 합성한 말로 알려져 있다. 다음(daum) 카페로 출발해서 독자적인 웹 사이트로 성장했으며, 〈강남역 화장실 살인 사건〉의 공론화 과정에서 대중적으로 알려졌다.

"남자 하나 줄어들면, 그만큼 세상은 좋아진다"

내가 워마드에 대해 단순한 커뮤니티가 아니라 반사회적이며 반인륜적 범죄를 조장·선동하는 범죄 집단이라고 생각하기 시작한 것은 워마드 홈페이지를 직접 방문해 그들의 활동상을 목격하면서부터다.

무엇보다 충격적이었던 것은 자기들 스스로 표방한 '페미 나치'라는 슬로건이었다. 모니터 화면 위로 이를 처음 발견했을 때 감정은 경악 그 자체였다. 보통의 사람들이 악의 화신쯤으로 간주하는 '나치즘'을 자신들의 정체성으로 내세우고 있었던 것이다.[40]

이것은 단순한 말장난이 아니었다. 실제로 그들은 전 남편을 잔인하게 살해한 고유정에 대해 '제주 전사'라고 부르며 극찬하기도 했다. 심지어는 신생아실에서 남자 아기가 새로 탄생하면, 그 사진에 칼을 합성해 붙여 넣고 죽이는 시늉을 하면서 '이렇게 남자 한 명이 죽으면 그만큼 세상이 좋아진다.' 라는 멘션을 달기도 했다.

내 눈에는 이러한 워마드의 존재가 사실상 범죄 집단으로 보였다. 워마드의 본질적 사고방식은 '극단적 남성 혐오'이기 때문이다. 폭력을 불사하는 남혐은 워마드가 스스로 표방한 제1가치였다. 무차별 신상 털기는 기본이고 살해 협박과 테러 위협도 서슴지 않고 자행했다. 워마드 관리자는 방송통신위원회[41]의 유해 정보 게시물 삭제 권고도 제대로 듣지 않았다.

더 큰 충격은 여성 가족부가 사실상 워마드의 후견인 역할을 하고 있다는 점이었다. 여가부에서 펴낸 성 평등 교육 사례집에

---

40 워마드 홈페이지에 적시된 원문은 이렇다. WE ARE FEMINAZIS. WE ARE MAN-HATERS. WE ARE WOMAD. (우리는 페미 나치. 우리는 남성 혐오주의자. 우리는 워마드)
41 방송통신위원회는 방송과 통신에 관한 규제와 이용자 보호 등의 업무를 수행하는 중앙 행정 기관이다.

는 "여혐은 혐오이지만, 남혐은 혐오가 아니다."라는 내용이 나오기도 했다. 바로 이런 관점이야말로 워마드의 사상을 압축한 것이다.

나는 워마드와 투쟁해야 한다고 생각했다. 그리고 워마드를 우리 사회에서 영구 격리할 수 있는 방법을 고민하기 시작했다. 일단 워마드 문제의 심각성을 전혀 모르고 있는 국민 여론을 환기시키기 위해 '워마드를 해부한다' 제하의 토론회를 개최했다. 토론회에는 워마드로부터 피해를 입은 분을 증언자로 섭외해 워마드가 왜 반사회적 범죄 단체인지 생생한 목소리를 듣기도 했다.

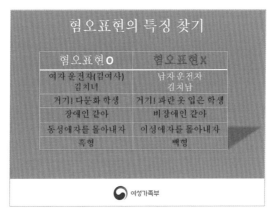

하태경 의원의 문제 제기 후 여가부가 삭제한 자료

최영함 홋줄 사고

최종근 하사 [42] 사건은 이렇게 내가 워마드와 한참 대립각을 날카롭게 세우던 무렵 발생한 안타까운 사고였다. 2019년 5월 24일, 진해 사령부에 정박 중이던 최영함에서 홋줄이 끊어지면서 사람을 때리는 사고가 발생했다. 이 사고로 홋줄에 얼굴을 맞은 최종근 병장이 사망하고 4명이 중상을 입었다.

홋줄이란 배를 항구에 묶어두는 크고 두꺼운 밧줄이다. 대형 선박을 붙잡아 두는 용도라 굵고 단단하면서 탄성이 매우 좋은 특성이 있다. 이 때문에 만약 어떤 이유로 이 밧줄이 끊어지면, 이리 저리 순식간에 튕겨 나가는데 이 때 사람이 맞으면 큰 사고로 이어진다. 최영함 홋줄 사고 역시 이런 종류의 사고였다.

최영함은 청해부대 28진으로 아덴만에 해외 파병을 떠났다가 6개월간의 임무를 마치고 고국에 돌아온 상황이었다. 국가를 대표해 위험한 임무를 마치고 돌아와 가족들을 만나기 직전에 사고를 당한 것이다. 최종근 병장은 전역을 불과 한 달 남겨놓은 22세 청년이어서 주변의 안타까움이 더욱 컸다.

나는 이 청년의 마지막 가는 길에 예의를 갖추기 위해, 영결식장이 있는 경남 창원의 해군해양의료원으로 급히 내려갔다. 그런데 막 장례식장에 들어서는 순간 옆에서 "태경아~"라는 소리가 들렸다. 가만 보니 오래 전에 보고, 못 만났던 고등학교 동창

---

42 최종근 병장은 순직 이후, 하사로 1계급 특진이 추서되었다.

이 내 이름을 부르고 있었다.

"아니, 네가 여기 무슨 일로?"
"최종근이 내 아들이야!"

세상이 좁다는 말이 바로 이런 상황을 두고 나온 말 같았다. 순직한 최종근 하사의 아버지가 바로 내 고등학교 친구였다. 옛 친구를 만나 반갑기도 했지만, 그 비극의 당사자가 다름 아닌 고교 시절 친구라는 사실에 안타까움은 이루 말할 수 없었다.

워마드의 묻지 마 조롱

　문제는 이 가슴 아픈 사고에 대해 워마드가 보인 반응이었다. 사고 다음날부터, 워마드에는 순직한 최종근 하사를 비하하는 글들이 여러 차례 올라왔고 곧바로 이 글의 댓글 형식으로 고인에 대한 수많은 릴레이 조롱이 이어졌다. 심지어는 순직한 최종근 하사의 얼굴 사진과 청해부대 사고 당시 장면에 웃음 이모티콘을 넣고 "볼 때마다 웃기다. 웃겨서 혼자 볼 수 없다."라는 글을 남기기도 했다. 한마디로 이유 없는 비하와 조롱이었다.

　故 최종근 하사는 워마드와 하등 관련이 없는 사람이었고, 평소 페미니즘 등에 대해 의견을 내거나 여성 차별적인 인식을 갖고 있지도 않았다. 다만 국가의 부름을 받아 병역의 의무를 다했을 뿐이었다.

　하지만 워마드는 단지 최종근 하사가 남자라는 이유로 22살 청년의 안타까운 죽음을 묻지 마 조롱의 소재로 활용했다. 만약 언어 폭력이 아니라 실제 폭력이었다면 그야말로 '묻지 마 살인'에 해당할 정도의 심각하고 난데없는 폭력이었다. 막상 그 상황을 목격하고 보니, 페미니즘을 떠나 인간이기를 포기한 행태로 보였다. (실제 워마드는 이 사건을 계기로 거의 '일베' 수준의 문제 집단으로 대중에게 인식되기 시작했다)

　워마드의 조롱은 사회적으로 큰 반향을 일으켰다. 최종근 하사에 대한 조롱은 더 이상 소수의 극단적인 사람들이 벌이는 철없는 악플 놀이가 아니었다. 당사자였던 해군과 국방부가 먼저 대변인 명의의 공식 성명을 내며 이례적으로 반발했다.

'워마드'에 게시된 최종근 하사 비하 글에 대한 해군 입장

해군은 오늘 청해부대 故 최종근 하사를 떠나보내는 날, '워마드'에 참담한 비하 글이 게시되어 고인과 해군의 명예를 심대하게 훼손한 것에 대해 매우 유감스럽게 생각하며 해군 차원에서 할 수 있는 모든 방안을 강구 중에 있음을 밝힙니다. 조속히 해당 게시물을 내려줄 것을 강력히 요구하며, 온라인 상에서 더 이상 확대되지 않도록 관계 기관의 협조를 정중히 요청합니다.

2019. 5. 27(월)

해군본부 정훈공보실장

이준석은 페이스북을 통해 "워마드 척결에 왜 하태경 의원과 제가 나섰는지 그 필요성을 자기들 스스로 입증하고 있습니다. 또 시작이네요." 라는 글을 남겼다.

워마드는 페미니스트가 아니라 테러리스트

워마드의 위험성과 폭력성에 대해서는 익히 알고 있었지만, 막상 최영함 홋줄 사고 과정에서 직면하게 된 워마드의 잔인함은 단순히 악플러들의 악행 정도로 치부하고 넘어가기에는 너무나 큰 충격이었다.

문제는 '표현의 자유'라는 대전제 앞에서 마땅한 대응 방법이 없다는 점이었다. 하지만 워마드의 악행 앞에서 그냥 손 놓고 있기에는 국회의원으로서 임무를 방기하는 것 같았다. 뭐라도 해 보자는 생각에 일단 워마드의 사회적 해악을 널리 알리기로 했다.

군이 강하게 반발하면서 워마드에 대한 사회적 공분이 일어나는 분위기도 느껴졌다. 이 기회에 워마드 문제를 해결할 수도 있겠다는 판단이 들었다.

마침 워마드 사이트를 탐색하던 중에 문재인 대통령의 신체 훼손 게시물을 발견했다. 워마드는 남녀 간 성별 전선이 모든 가치 판단의 중심이기 때문에 문재인 대통령도 무차별적으로 적대시하였고, 그에 대한 잔혹한 신체 훼손 게시물에도 어김없이 수많은 '좋아요'와 '조롱 댓글'이 달려 있었다. (반면, 생물학적 여성인 박근혜 전 대통령에 대해서는 지지 입장을 취하고 있었다. 워마드는 박근혜 대통령 탄핵 사건 역시 우리사회의 여성 혐오 풍조 때문에 발생한 일로 간주했다)

나는 방송통신위원장 앞으로 "워마드에 게시된 문재인 대통령 신체 훼손 게시물을 삭제해 달라."라는 공문을 보냈다. 야당 의원이 '당'이라는 경계선을 넘어 여당 의원들도 잘 모르던 대통령의 명예까지 챙겼던 이유는, 워마드가 얼마나 말도 안 되는 반인간적 집단인지 국민적으로 알릴 수 있는 계기를 만들고 싶었기 때문이었다.

그만큼 나에게 워마드의 폭력성을 차단하는 일은 매우 중요한 과업이었다. 무엇보다 병역의 의무를 성실하게 다하고 있는 청년들을 조롱하는 일만큼은 꼭 막아야겠다고 생각했다.

고민 끝에 우리는 '국가 유공자를 모욕하면 가중 처벌하는 법'을 발의하기도 했다. '최종근 하사법'이라는 이름의 이 법은 국가 유공자에 대한 모욕죄의 경우, 형량을 높여 가중 처벌하자는 내용을 핵심으로 했다.

이 법은 청년층을 중심으로 작은 공감을 이루기는 했지만, 본회의 문턱을 넘지는 못했다. 오랜 민주화 여정을 거치며 형성된 '표현의 자유'에 대한 수용적 태도 때문일까? 도를 넘는 언어 폭력이라도 국가가 제도적으로 규제하는 것에 대해서는 사회적 동의를 얻기가 쉽지 않았다.

김윤수 군의 따뜻한 편지

한 가지 미담도 있었다. 충북 옥천고 3학년 김윤수 군이 故 최종근 하사 유족에게 100만 원의 위로금과 따뜻한 손 편지를 전달한 것이다. 위로금 100만 원은 천안함 티셔츠와 배지를 판매한 돈이었다.

김군은 중학교 3학년 때부터 해마다 천안함 피격일과 현충일에 〈천안함 46용사〉 묘역을 찾아 헌화했는데 우연히 천안함 전사자의 어린 유가족을 보고 그들에게 도움을 주고 싶다는 생각으로 추모 티셔츠를 만들어 판매했다고 한다.

김군은 이렇게 만든 돈으로 1,000만 원을 해군에 기부했고 故 최종근 하사 유족에게 100만 원의 위로금과 따뜻한 손 편지를 전달했던 것이다. 편지를 본 故 최종근 하사의 부모님과 가족들도 큰 위로를 얻었다며 진심으로 감사의 뜻을 전했다.

나 역시 그 정성스런 마음에 너무나 감사한 마음이 들었다. 특히 고등학생의 신분으로 이런 일을 했다는 사실에 나는 희망과 감동을 느꼈다.

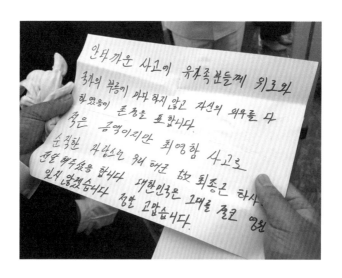

야설 사이트에 잠입한 비서관
알페스 공론화 사건

    팬픽(fanfic)은 팬 픽션(fan fiction)의 줄임말로, 아이돌이나 영화배우 등 자신이 좋아하는 연예인을 주인공으로 삼아 팬들이 만들어내는 가공의 소설을 말한다.

    처음에는 주로 북미 지역에서 인기를 끌었고, 인터넷 시대에 돌입하면서 아마추어 작가들이 자발적으로 이러한 콘텐츠를 대량 생산하기도 했다.

    우리나라에서는 인터넷이 보급되던 초기에 H.O.T.나 젝스키스 등 주로 남자 연예인을 주인공으로 하는 팬픽이 많이 생산됐다. 2006년 SM엔터테인먼트가 주최한 '동방신기' 팬픽 공모에는 3,000건의 소설이 몰리기도 했다.

    그런데 어느 시점부터 이러한 팬픽 문화가 여학생끼리 일종의 '야설'을 함께 만들고 공유하는 은밀한 취미 생활로 발전하기 시작했다. 이른바 알페스(RPS)[43] 가 그것이다.

    알페스(RPS) 역시 아이돌 가수, 연예인 등을 주로 다루는 팬픽

---

43 Real Person Slash의 약자

의 일종이지만 특히 남자 연예인 간의 동성애 묘사가 스토리의 중심 소재로 쓰인다는 점에서 기존 팬픽과 구분된다.

애초에 이런 소설의 주된 소비층이 여성 팬이기 때문에 작품 안에서 같은 여성을 등장시키기보다는 아예 자신들의 우상인 남성 연예인들만으로 스토리를 구성한다. 쉽게 말해 자기가 좋아하는 오빠 캐릭터만 갖고 로맨틱한 판타지를 그리다 보니 결국 남자들끼리의 동성애를 다루게 된 셈이었다.

표면상 통계가 잡힌 적은 없지만, 남자 연예인에 대한 여성들의 알페스 창작 활동은 전 세계적으로 활발히 이루어지는 것으로 보인다. 처음에는 텍스트로 작성되는 팬픽으로 출발했다가, 이후 컴퓨터 기술이 발달하면서 그림, 영상 등을 추가해 다양한 방식의 창작물로 진화하고 있다.

그런데 이러한 알페스는 대략 2010년을 기점으로 폐쇄적 성향을 띠게 됐다. '성 문제'에 대한 사회적 분위기가 엄격해지면서 이 문화가 점점 처벌받을 수 있는 불법의 영역으로 확대되었기 때문이다.

결국 알페스 문화는 폐쇄적인 커뮤니티 안에서만 유통되는 양상을 띠기 시작했고, 심지어 성 착취물을 사고파는 기업형 성범죄까지 나타났다. 이러한 수요에 힘입어 더 높은 수위의 자극적인 착취물이 창작되는 악순환이 반복됐다.

문제는 연예 기획사를 중심으로 한 '아이돌 업계'가 이러한 알페스 문화를 마케팅 포인트로 이용한다는 점이다. 상식적으로 알페스 생산에 참여하는 팬들이라면 이른바 광팬일 가능성이 높다. 따라서 알페스에 대한 관심이 높아질수록 콘서트, 앨범, 굿즈 등의 구입에 더 많은 돈을 지출할 것이다.

하지만 특정인을 소재로 한 그림이나 영상 등은 〈성폭력처벌법〉상 허위 영상물에 해당하는 '성범죄' 판정을 받을 가능성이 높다. 이를 매매할 경우 더 큰 범죄가 된다. 그래서 알페스를 생산하는 알페서들은 더 음지로 들어가 마치 N번방처럼 특정 인원만을 대상으로 성 착취물을 공유하고 유통하기 시작했다. 아는 사람들은 다 알지만, 겉으로는 잘 나타나지 않는 그들만의 문화로 자리 잡게 된 것이다.

알페스 공론화 사건

이렇게 아는 사람들끼리 소비되던 알페스는 2021년 한 래퍼의 고발로 전면화 됐다. 이른바 '알페스 공론화 사건'으로 음지에 머물던 일부 여성들의 비밀스러운 문화가 수면 위로 떠오른 것이다.

2021년 1월 '손심바'라는 래퍼가 자신의 SNS에 알페스에 관한 입장을 올렸다. '포스타입'이라는 사이트에서 자신의 실명을 검색해 찾아낸 알페스 창작물을 보고 충격을 받아 이를 폭로한 것이다.

손심바의 폭로가 터져 나오자 여성 커뮤니티를 중심으로 격한 반발이 시작됐다. 알페스를 지지하는 사람들은 '팬픽 문화를 이해하지 못하는 바보 같은 발언'이라며 손심바를 조롱했다. 대중 문화 전문가를 자처하는 일부 평론가도 이런 주장에 동조했다.

명백한 성범죄를 두고 온도 차이를 보이는 일부 여성계에 대해 다수의 남성들은 분노했다. 가상 인물에 대한 창작물도 성범죄로 확대하려는 마당에, 실존 인물인 남성을 대상으로 한 성 착취물에는 왜 이렇게 미온적이냐는 불만이 응축된 것이다.

논란은 디시인사이드나 에펨코리아 등 남초 커뮤니티를 중심으로 빠르게 확산됐다. 알페스를 처벌해 달라는 국민 청원도 빗발쳤다. 반대편도 가만히 있지 않았다. 여초 커뮤니티에서 논란이 번지며 문제는 점점 남녀 간 성 대결 양상을 띠기 시작했다.

요즘것들연구소가 주최한 알페스 문제 긴급 간담회 포스터

알페스 논쟁에 참전하다

나는 남녀 대결 구도가 아니라 성범죄의 관점에서 이 사건을 바

라보려고 애썼다. 그렇기 때문에 한국의 여성 운동을 신랄하게 비판할 수밖에 없었다. 자칭 여성 운동가들은 알페스를 너무나 관대한 시선에서 바라봤다. 그들은 '알페스는 그냥 하나의 놀이 문화일 뿐이다. 문화도 잘 모르면서 떠들지 말라'는 식의 주장을 폈다.

이런 황당한 논리를 두고 여성계 그 어느 곳에서도 비판의 목소리가 나오지 않았다. 나는 여성 운동의 자정 작용이 완전히 마비됐다고 생각했다.

수많은 여성 담론에서 페미니스트들은 성폭력의 적용 범위를 무한히 확장하려고 했다. '예쁘다'라는 외모 칭찬도 이제 성희롱이 되는 시대가 되었다. 그런데 가해자가 여성으로 바뀌자 그것은 갑자기 '놀이 문화'가 되고 '표현의 자유'가 됐다. 이런 황당한 논리를 아무렇지 않게 펼치는데 어느 누구도 제지하는 사람이 없었다.

이는 명백한 이중 잣대다. 페미니즘의 논리에 따르면 남자 아이돌들은 '구조적 성폭력'에 시달리고 있었다. 알페스를 통해 무차별 성희롱을 당해도 회사의 수익을 위해 정서적 부담을 감내해야 했다. 알페스의 소재로 쓰인 당사자의 고통을 생각해 볼 때 이것은 엄연한 성폭력에 해당했다. 나는 이슈에 참전을 망설이지 않았다.

그동안 20대 남성들은 잘못된 페미니즘에 경도된 여성계에 의해 잠재적 성범죄자로 취급받았다.

한 예로 양성 평등 진흥원 나윤경 원장은 '잠재적 가해자의 시민적 의무'라는 교육 영상을 제작하면서 "남자들은 자기가 성범죄자가 아니라는 사실을 본인들이 스스로 입증하고 설명해야 할 의무가 있다."라고 주장하는 바람에 한바탕 곤욕을 치루기도 했다.

나는 적극적으로 "알페스는 남자 아이돌을 성적 노리개로 삼는 행위이며 이는 똑같이 처벌 받아야 된다."라는 주장을 펼쳤다. 남녀의 문제가 아니라 범죄의 문제로 접근한 것이다.

그러자 그동안 잠재적인 성범죄자 정도로 취급받던 20대 남성 청년들의 호응이 이어졌다.

이러한 주장의 배경에는 이선옥 작가와의 오랜 교류가 한몫했다. 이 작가는 과도한 페미니즘의 폐해에 대해 거침없이 비판의 날을 세웠다. 공정과 자유를 훼손시키고 청년들을 절망하게 한다고 주장했다. 나는 젠더 갈등 이슈가 생길 때마다 이 작가의 자문을 구했고, 알페스 논란 때도 이 작가의 도움으로 긴급 간담회를 열었다.

야설 사이트에 잠입하다

나는 단순 입장 표명을 넘어 알페스 문제를 좌시하지 않겠다고 발표했다. 이런 성 착취물 제작자들을 고발할 것이며, 증거를 빠짐없이 찾아내겠다고 공언했다.

문제는 이 증거들을 어디에서 어떻게 수집해야 하는지 도저히 감이 잡히지 않았다는 점이다. 정부를 상대하는 일이라면, 부처를 상대로 자료 요구를 하면 되지만, 이것은 은밀히 진행되는 여성들의 성 착취물 유통 정보들이라 어디 가서 조사를 해야 하는지 아주 난감했다.

이때 래퍼 손심바가 폭로했던 '포스타입'이라는 홈페이지가 떠올랐다. 그 홈페이지를 열심히 추적하면 뭔가 더 심각한 문제를 찾을 수 있을 것으로 생각했다.

그런데 넘어야 할 산이 또 있었다. 내가 알페스를 전부 고발하겠다고 으름장을 놓으니, 알페스 제작자들이 콘텐츠를 전부 비공개로 바꿔 놓거나 말도 안 되는 가격으로 유료 전환해 버린 것이었다.

유료 사이트에서 증거를 수집하기 위해서는 돈을 내고 해당 사이트에 가입하는 수밖에 없었다. 그런데 아무래도 내가 직접 유료 사이트에 가입할 수는 없었다. 명색이 국회의원인데 야설 사이트에 가입했다가 잘못하면 오해를 살 우려도 있었다. 고민 끝에 장비서관이 자신이 개인 자격으로(?) 가입하겠다고 자원했다.

장 비서관은 며칠 간 증거 수집에 나섰다. 처음엔 잘 진행되는 것 같았다. 그러나 얼마 뒤 심리적 고충을 호소했다.

"처음 한두 개 볼 때는 그럭저럭 괜찮았는데요. 이게 적나라한 동성 간 성관계 그림을 하루 종일 보니까, 저도 점점 이상해지는 느낌입니다. 기혼 남성으로서 이런 그림을 더 조사할 수 있을지. 이제 그만 빠져나오고 싶습니다."

나는 이러다가 혹시 장 비서관이 PTSD에 빠지는 게 아닌가 걱정이 들었다.

나중에는 CBS의 아침 시사라디오, 〈김현정의 뉴스쇼〉에 나가서 이 문제를 적극 공론화하려고 시도했다. 사람들이 아직 알페스 문제의 심각성을 모르는 것 같다는 생각이 들었기 때문이었다. 나는 장 비서관이 치를 떨면서 입수한 성 착취물- 알페스의 실상을 보여주는 그림- 한 장면을 프린트해서 방송국으로 들고 갔다. 보이는 라디오라서 혹시나 방송에 노출 사고가 날지도 모른다는 생각에 심각한 부분은 나름대로 모자이크까지 했다.
하지만 방송 시간 제약에 걸려 제대로 전달하지는 못했다. 거의 방송 막바지에 내가 짧게 언급했다.

"이거 한번 보세요. 말로 전달하면 김현정 아나운서가 문제의 심각성을 잘 모를 수 있을 것 같아서 제가 출력을 좀 해왔습니다. 이걸 보시면, 알페스 문제가 얼마나 심각한지 알 수 있습니다!"

하지만 김현정 아나운서는 시간에 쫓긴 나머지 마무리 멘트를 서둘렀다.

"얼마나 심각한지만 제가 좀 파악하고, 나중에 따로 인터뷰를 한번 만들겠습니다. 오늘 감사합니다."

그 말과 동시에 나는 알페스 사진 자료를 전달했고, 이를 받아본 김현정 아나운서가 깜짝 놀라는 표정으로 몇 초 정도 적막이 흐르는 상황이 연출되기도 했다.

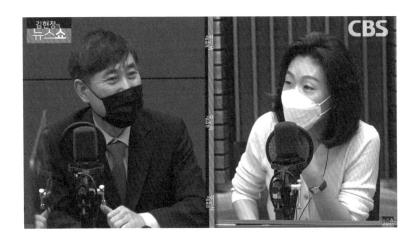

5·18 폄훼와 싸우는 보수
지만원의 북한 개입설

국회의원이 된 이후, 많은 가짜 뉴스나 거짓 선동을 접했지만, 그 중에서도 지만원 씨의 〈북한 특수 부대 5·18 개입설〉은 정말 가장 어이없고 황당한 궤변 중 하나였다.

지만원 씨는 오래 전부터 '5·18 광주 항쟁은 북한이 사주한 폭동'이라고 말하던 사람이었는데 그러던 중 어느 시점부턴가 한 걸음 더 나아가 "남파된 북한군 특수 부대가 5·18을 일으켰다."라는 구체적인 주장을 하기 시작했다.

그의 주장에 따르면 "1980년 5·18 광주 민주화 운동 당시 북한 특수군 600명이 시민군으로 위장해 광주로 남파되었고, 이들 중 60명이 탈북자 신분으로 현재도 남한에 거주하고 있다."라는 것이었다. 지만원 씨는 이들을 '5·18 광수'(광주에 잠입한 북한 특수군) 및 '탈북 광수'(위장 탈북한 북한 특수군) 라고 지칭했다.

문제는 이러한 주장의 '근거'였다. 지 씨는 이른바 '얼굴 분석 기법'으로 이들 탈북 광수를 찾아냈다고 주장했다. 30여 년 전,

5·18 당시 광주에서 찍힌 흐릿한 흑백 사진 속 시민군의 얼굴과 공개된 북한 인사 및 탈북 인사의 현재 얼굴을 비교해 가며 자칭 '과학적 분석'으로 위장 탈북자들의 정체를 파악했다고 주장한 것이다.

이야기의 시작

내가 지만원 씨의 주장을 처음부터 완전한 허구라고 확신한 것은 이와 관련된 사실 한 가지를 실제 간첩으로부터 전해들은 바가 있었기 때문이었다. 나는 지만원 씨와 본격적인 논쟁을 벌이기 1년 전 쯤, 북한에서 남파되었다가 체포된 김동식 씨를 직접 만난 일이 있었다.

김동식 씨는 북한에서 특수 교육을 받은 뒤 1995년 대남 공작원으로 남파되었다가 방첩 당국에 체포된 사람인데 [44] 이후, 전향해서 우리 정보 당국에 조언과 조력을 해주고 있었다. 그가 나를 만났을 때 대뜸 이런 말을 전해주었다.

"5·18때 북한 특수군의 일원으로 광주에 잠입했다고 주장하는 탈북자를 만났는데, 알고 보니 가짜 공작원입니다!"

---

[44] 김동식이 체포되는 과정에서 한편의 코미디 같은 일이 있었다. 그는 남파되어 한국의 재야 운동권 인사들과 비밀리에 접촉, "북에서 내려왔다"는 사실을 털어 놓았다. 그러나 그와 만난 인사들이 그를 믿지 못하고 오히려 이를 국정원의 정치 공작으로 판단, 접촉 사실을 당국에 신고해 버리는 바람에 체포되었다.

'5·18때 남파되어 광주에 잠입했던 북한 특수군'임을 자처한 탈북자를 조사하는 자리에 참여했는데 만나보니 완전 거짓이라는 얘기였다. 김동식은 북한 특수 부대 출신이었다. 따라서 그는 북한 공작원이 대한민국으로 침투할 때 어떤 훈련을 받고 어떻게 침투하는지 잘 알고 있었다. 김동식은 "5·18때 북한에서 파견되어 광주로 잠입했다."라고 주장하는 탈북자의 말이 과연 신빙성이 있는지 확인하기 위해 이런 저런 질문들을 던졌다. 그중 한 가지 질문이 이랬다.

"특수 부대는 여름에 수영 훈련을 받는다. 당신은 바다에서 특수 교육을 받을 때 어떤 복장으로 받았나?"

그러자 그가 답변하기를 "오리발 신고, 잠수복 입고 수영 교육을 받았다."라고 했다.

그런데 그 말은 거짓이었다. 김동식이 직접 겪은 북한 특수 부대는 오리발을 차지 않고 그냥 맨몸으로 들어가기 때문이다. 이 대목에서 김동식 씨는 그 탈북자가 날조된 거짓말을 하고 있다는 사실을 바로 알아냈다.

김동식 씨 외에 황장엽 씨한테 들은 정보도 있었다. 황장엽 씨와는 북한 인권 운동을 하면서 자주 만났다. 북한에서 내려온 최고위급 인사였기 때문에 그에게 북한 얘기를 듣는 기회를 자주 가졌다. 한번은 황장엽 씨로부터 5·18에 관해 들을 수 있는 기회가 있었다.

1980년 당시 황장엽 씨가 김일성에게 "5·18이 일어났는데 도와줘야 되는 거 아니냐?"라는 질문을 했다고 한다. 그러자 김일성이 "전개 과정을 좀 지켜보자!"며 신중한 태도를 보였다는 것이다. 그렇게 며칠 시간을 끄는 사이에 사실상 5·18이 끝나버렸다. 상황이 너무 빨리 끝나서 개입의 여지가 없었다는 것이 황장엽씨가 말한 북한과 5·18이었다.

이렇게 김동식, 황장엽 같은 진짜 북한 사람들로부터 얻은 사전 정보를 갖고 있었기에 나는 처음부터 북한의 5·18 개입설이 가짜라는 확신을 갖고 있었다.

공포의 얼굴 분석 기법

지만원 씨가 자기주장의 근거로 삼은 것은 이른바 〈얼굴 분석 기법〉이었다. 5·18 당시의 시민군 사진과 현재의 탈북자 사진을 매칭 시켜서 "그 사람이 이 사람"이라고 주장 하는 방식이다.

그런데 소위 말하는 얼굴 분석 기법이란 말로만 과학적 분석일 뿐, 실제로는 사기에 가까웠다. 즉 단순히 사진의 눈, 코, 입만 따로 따로 선을 연결해서 표시해 두었을 뿐, 양자가 일치한다는 보장은 어디에도 없는 황당한 방법이었다. 그는 이 얼굴 분석 기법을 근거로 황장엽, 조명철, 강철환, 박상학, 홍순경 등을 '탈북광수'로 지목했다.

당연히 이런 황당한 주장은 앞뒤가 맞지 않는 모순을 드러냈다. 지만원 씨에 의해 '광수'로 지목된 탈북 여성 중에는 출생연도가 1976년으로, 1980년 당시 네 살이던 사람도 있었다. 네 살짜리가 특수 부대로 남파되었단 말인가?

지만원 씨는 한 남성을 '광수 71호'로 지목하며 그가 황장엽 비서라고 주장했는데, 알고 보니 해당 사진의 주인공은 전 5·18 시민군 상황 실장을 지낸 박남선 씨로 확인되기도 했다.

안보 사기꾼

내가 보기에 지만원 씨는 황당한 음모론이나 펼치는 '안보 사기꾼'에 불과했다. 그러나 더 놀라운 사실은 보수 진영 내부에 '지만원 지지층'이 만만치 않게 존재한다는 사실이었다.

이것은 오래지 않아 현실적인 문제로 터져 나왔다. 2018년 10월, 자유한국당 지도부 일각에서 정부 공식 기구인 5·18진상조사위원으로 지만원을 추천하자는 목소리가 나오는 바람에 여론의 큰 반발을 사는 사건이 발생한 것이다.

2019년 2월에도 한 국회의원이 주최한 토론회에 지만원이 발표자로 나서고 일부 의원들이 지만원을 극찬하는 일이 빚어져 여론의 도마에 오르기도 했다.

이런 일이 있을 때마다 국민 여론은 빠르게 악화되었다. 나는 보수의 미래를 위해 지만원과 확실하게 선을 그어야 함을 강력히 주장했지만, 보수 내부의 지만원 지지층은 나의 이런 노력을 끊임없이 방해했다. 나는 혼자서라도 지만원과 선긋기를 실행에 옮겨야 했다. 그것은 보수의 미래를 위해서 꼭 필요한 일이었다.

일단 지만원에 의해 '탈북 광수'로 지목된 탈북자들과 함께 뜻을 모아 〈지만원 피해자 대책 위원회〉 발족 기자 회견을 했다.

〈5·18 북한 특수 부대 파견, 왜 거짓인가?〉라는 제목으로 토론회도 열었다. 이 토론회에 '얼굴 인식 전문가'를 초빙해서, 5·18 광수는 북한 특수군이 결코 아니라는 과학적 근거를 제시했다.

지만원 씨가 5·18민주화운동 진상규명조사위원회 자유한국당 추천인사로 거론되었을 때는 "지씨를 보수 진영 내에서 발도 못 붙이게 해야 한다. 지씨는 보수에서 영구 추방되어야 한다."라고 공개 비판했다.

이러한 나의 지만원 퇴출 운동에 대해 지만원 씨도 가만히 있지는 않았다. 지만원 씨는 나를 상대로 명예 훼손 소송을 걸었다가 패소하기도 했다.

5·18 음모론과의 결별

보수가 5·18을 얼마나 진심으로 대하는지는 중요한 문제다. 5·18 북한 개입설 같은 어이없는 음모론은 무엇보다 보수 정치의 혁신과 발전을 심각하게 방해하는 행동이었다.

그동안 한국의 보수 정당은 김종인 위원장의 5.18 묘역 무릎 사과, 이준석 대표의 서진 정책, 윤석열 대통령의 5·18 참배 같은 노력을 통해 호남의 대중들에게 진정성을 인정받기 위해 많은 노력을 해왔다. 이는 한국 민주화 운동의 역사에 대한 관점을 바로 세우기 위한 노력이기도 했다.

보수 내부의 5·18 폄훼 세력은 이런 노력을 모두 물거품으로 만드는 일이었던 것이다. 다행히 보수 일각의 추종을 받으며 5·18의 역사적 의미를 부정하려 했던 지만원 씨는 퇴출 수순을 밟았다. 5·18 단체에 의해 '명예 훼손'으로 고발된 그는 실형이 확정되어 구치소에 수감됐다. 무엇보다 우리 국민들은 2020년 총선에서 지만원의 음모론에 동조했던 의원들을 대거 낙선시켰다. 나는 그 모습을 보며 지만원 씨의 퇴출에 담긴 국민의 뜻이 얼마나 지엄한지 새삼 깨달았다.

5·18과 나

'5·18 광주 민주화 운동'은 개인적으로도 내게 중요한 의미가 있다. 5·18이 청년 시절의 나를 학생 운동으로 이끌었던 계기였기 때문이다.

그래서 나는 초선 때부터 줄기차게 5·18에 대한 '보수 내부의 왜곡된 시선'과 싸워왔다. 민주화의 가장 중요한 역사를 부정하는 이상 결코 제대로 된 보수가 될 수 없다고 믿었기 때문이다.

이는 이른바 '임을 위한 행진곡' 제창 논쟁으로 크게 불거지기도 했다. 박근혜 정부 시절, 5·18 기념식에서 임을 위한 행진곡을 '제창'할 것인지, '합창'할 것인지를 두고 때 아닌 논쟁이 벌어진 것이다. 여기서 합창은 합창단만 노래를 하는 것인 반면, 제창은 참석자들이 모두 함께 부르는 것을 의미했다.

보수층 일부에서 〈임을 위한 행진곡〉에서 말하는 '임'이 북한의 김일성을 지칭하는 것이기 때문에 그 노래를 불러서는 안 된다는 가짜 뉴스가 횡횡했다.

나는 이런 황당한 주장을 반박하기 위해 〈임을 위한 행진곡〉이 북한에서 오히려 금지곡[45]이라는 사실을 밝혀내기도 했다. 압제에 대한 저항의 뜻을 담고 있는 이 노래가 세계 최악의 독재 국가인 북한에서 용납될 수는 없기 때문이다.

결국 김무성 대표를 비롯한 당내 YS계와 나를 비롯한 소장파들은 모두 '합창이 아닌 제창'을 지지했고 5·18 기념식장에서 마치 민주화 투쟁 시절처럼, 주먹을 흔들면서 〈임을 위한 행진곡〉을 불렀다.

---

45 〈임을 위한 행진곡〉은 북한의 입장에서 보면 기본적으로 '남조선 노래'일 뿐만 아니라, 민중의 저항 의지를 다룬 '데모곡'이기 때문에 집회와 시위가 존재하면 안 되는 북한 체제에서 당연히 금지곡이 된다. 이 노래가 북한의 금지곡이라는 사실은 탈북자들을 통해 쉽게 확인된다. 북한 출신으로 동아일보에 재직 중인 주성하 기자와 태영호 의원을 통해서도 확인할 수 있다.

노동자로부터 온 편지
고용 세습 폭로 사건

나는 고용 세습으로 상징되는 노동 기득권과 초선 때부터 싸워왔다. 노조의 고용 세습이 심각한 사회 문제로 떠오르고 있다는 판단 때문이다. 노조가 회사를 상대로 조합원 자녀의 취업 특혜를 요구하는 것은 이미 중대한 사회적 불공정이다. 무엇보다 청년 실업률이 10%에 육박하는 상황에서 이 문제는 향후 일자리를 매개로 한 세대 갈등의 주요인이 될 가능성이 높다.

고용 세습 철폐는 사회 발전 과제 중 하나다. 노동운동을 장악한 세력에게 '고용세습'은 노동 기득권을 천년만년 사수하기 위한 주요 전략이고, 고용세습 속에서 우리 청년들은 아예 가고 싶은 기업에 도전할 수 있는 기회 자체를 박탈당하기 때문이다.

2014년 고용노동부의 단체 협약 실태 조사에 따르면, 조사 대상의 30%인 221개 회사의 단체 협약에 고용 세습 조항이[46] 포함되어 있었다. 심지어 정년퇴직이 아니라 개인 사정으로 중도 퇴직한 사람의 직계 가족까지 우선 채용하는 조항도 있었다. 가

---

[46] 조합원 자녀, 장기 근속자 자녀, 정년 퇴직자 자녀라는 이유만으로 우선 채용을 보장해주는 내용이 담긴 조항을 말함

히 한번 입사하면 대대로 직장을 대물림할 수 있는 '신의 직장'인 것이다.

나는 여론의 지지를 얻기 위해 명단 공개 전략을 택했다. 우선 〈고용 세습 기업 명단 공개법〉을 발의하고, 221개 고용 세습 회사 중에 청년이 가고 싶은 100대 기업[47]에 포함되는 회사를 추렸다. 100대 기업이라면 상대적으로 처우가 좋은 우량 기업들이다. 무려 11개 회사에 '고용 세습 조항'이 있었다. 청년들이 분노하기에 충분했다. 고용 세습 기업에 대한 최초의 명단 공개였다.

명단 공개의 효과는 즉각적이었다. 고용 세습이 이슈로 떠오르자 관련 단체 협약을 폐기하는 기업들이 생겨났다. 고용 세습 조항을 개선할 것인지 묻는 공문을 보내자 상당수의 기업과 노조에서 개선을 약속했다.

그 후 재선 국회의원이 된 다음, 우리 의원실은 다시 한번 고용노동부에 실태 조사를 주문했다. 4년 만에 고용 세습 기업은 10분의 1 이하로 줄어들었지만 여전히 고용 세습 단체 협약을 고수하는 노조가 13곳이 있었다. 우리는 또다시 이들의 명단을 공개했다.

문제는 민주노총이었다. 민주노총 산하의 '현대자동차' '현대로템' '금호타이어' 'S&T모티브(주)' '성동조선해양(주)' 등은 여론 악화에도 불구하고 고용 세습에 대한 의지를 굽히지 않았다. (이 밖에 상급 단체에 가입이 안 된 (주)두산모트롤BG 역시 고용 세습 조항 사수를 고집했다)

---

[47] 2014년 잡코리아 설문조사 기준

노조의 내부 싸움

2018년 11월, 한 통의 e메일이 날아왔다. 메일 내용은 민주노총 금속노조 산하 S사[48] 노동조합에서 고용 세습을 하고 있다는 제보였다. 그런데 특이한 것은 제보자의 신분이었다. 이 사실을 우리에게 알려 준 주체 역시 S사 노조원이었다. 노조원들끼리 갈등하는 과정에서 베일에 가려져 있던 회사 내부 고용 세습의 실태가 우리 의원실까지 전해진 것이었다.

여러 경로로 제보의 진실성을 파악해 보았더니 팩트 확인은 어렵지 않았다. 노조의 요구로 조합원의 자녀와 친인척 등 40여 명이 2011년~2013년 사이, 그리고 2018년에 채용되었다.

이 사실은 심지어 사측이 발행하는 S사 소식지에서도 이미 폭로된 내용이었다. 소식지에는 고용 세습으로 채용된 조합원의 자녀와 친인척, 지인 등 30명의 명단과 이들을 추천한 조합원 29명의 명단이 고스란히 나와 있었다. 이 모든 상황은 노조 집행부가 생산직 신규 채용에 '조합원 자녀를 우선 채용할 것'을 요구하고, 사측이 이를 수용하는 바람에 생긴 일이었다.

이 제보로 인해 우리 의원실은 고용 세습의 실제 사례를 최초로 폭로하는 빅뉴스를 발표했다. 그동안은 단체 협약에 고용 세습 조항이 있는지 없는지를 놓고 논쟁을 벌였는데, 이번에는 실

---

48 S사는 현대자동차의 1차 자동차 부품 협력사로 생산직 기준, 평균 연봉 4천~6천만 원을 받는 2017년 기준 매출액 2조 원의 중견 기업이다.

제로 고용 세습이 이루어지고 있는 증거를 제시했으니 언론의 관심도 폭발적이었다.

○ S사의 2011~2013, 2018 고용세습 화이트리스트 (출처: S사 회사소식지 2018.6.5.)

1) 2018.2 고용세습 명단 (추천자 명단 10명만 기재돼있음)

■퇴직 3년, 퇴직예정 3년, 자녀 입사희망 조합원 명단■
김   ,박   ,서   ,김   ,이   ,이   ,임   ,천   ,김   ,
조   (추가된 조합원)~ 10명

2) 2011~2013 고용세습 명단
- "추천자 이름(추천자와의 관계, 추천에 의한 입사자 이름)" 순으로 기재
- 고용세습 추천자는 총 29명
- 노란박스 표시가 추천에 의한 입사자, 즉 고용세습으로 입사한 30명의 명단

◈자녀 입사 및 추천 입사 조합원 명단◈
~자녀 입사: 12명 (1명 퇴사)
강   (강   ),정   (최   ),김   (김   ),신   (신   ),유   (유   ),
박   (박   ),김   (김   ),김   (김   ),정   (정   ),박   (박   ),
이   (이   ),최   (최   .퇴사),박   (박   )

~친인척, 지인 추천 입사:15명(2명 퇴사)
임   (매서,박   ),황   (조카,문   ),이   (조카,퇴사),이   (지인,강   ),
김   (조카사위,   ),강   (조카,이   ),권   (조카,안   ),차   (처남,피   ),
김   (조카,김   ),오   (지인,   회사),손   (회사),강   (지인,최   ),
손   (동생,손   ),홍   (조카,   ),장   (지인,김   ),김   (동생,김   ),
조   (조카,강   )

2018년 6월 5일

(주)   ·경영지원실장

블랙과 화이트를 모두 공개하다

고용 세습의 실상이 만천하에 폭로될 수 있었던 배경에는 S사 노조 내부의 갈등이 있었다. S사는 당시 노조 내부의 계파 싸움이 극에 달한 상태였다.

노조를 장악한 특정 계파는 회사에 고용 세습을 요구하는 과정

에서 자기파 노조원들에 대한 화이트 리스트 뿐만 아니라 반대파 노조원들에 대한 블랙리스트까지 회사에 넘겼다. 즉 자기파 노조원은 고용 세습을 해주고, 반대파 노조원의 자녀는 채용하지 말라고 요구한 것이다. 상대 계파의 밥줄은 끊어버리겠다는 심보다.

노노 갈등의 중간에서 이래저래 시달리던 사측은 아예 화이트 리스트와 블랙리스트를 모두 공개하는 강수를 두었고 결국 '고용 세습'을 둘러싼 노조의 은밀한 거래는 모두 폭로되고 말았다.

고용 세습을 둘러싼 노조 내부의 화이트 리스트-블랙리스트 사건이 점입가경에 이르자 블랙리스트로 지목된 노조원들이 이 사건을 상급 단체인 민주노총에 고발하는 일이 벌어졌다.

문제는 이에 대한 민주노총의 대응이었다. 민주노총 금속노조는 블랙리스트에 오른 노조원을 보호하거나 S사 노조의 고용 세습 행위를 비판하기는커녕 오히려 이를 옹호하는 입장을 취했다. "고용 세습은 그간의 관례였다."라며 두둔하고 나서기 시작한 것이다. 결국 분노가 폭발한 노조원들이 하태경 의원실로의 제보를 선택했다. 노조 눈치 안보고 고용 세습 타파를 위해 분투해 온 과정을 목격한 탓일까?

노동자의 편지

보수 진영에서는 노조원이나 노동자에 대해서 선입견을 갖는

고용 세습을 제보합니다

안녕하세요.

저는 최근에 대한민국의 그 어느 언론 및 정치인도 민주노총과 싸울 수 없는 것을 보고 매우 실망했습니다. 귀족 노조의 기득권을 유지하기 위해 자녀 우선 채용 조항을 유지하고 이를 당연한 권리로 주장하는 금속 노조와 파업의 힘을 정치적 목적과 기득권 유지를 위해 이용하여 기업의 경쟁력을 상실시키는 노동조합을 보며 새로운 적폐 대상이라고 저는 생각하였습니다.

제가 의원님에게 이 글을 보내는 목적은 대한민국이 바로 서기 위해서 노동계의 부패와 고용 세습을 더 이상 보고 있을 수 없으나 저에게는 아무런 힘이 없어 이렇게 의원님이 정의로운 사회를 만드시는 데 도움이 될 거 같아 민주노총 금속 노조의 적폐 행위 자료를 보냅니다. 의원님이라면 이 시대에 대한민국의 정치를 올바른 방향으로 이끌 거라 믿어서입니다.

1. 금속 노조 내 블랙리스트 사건을 무엇이 부끄러워 삭제했는지

2. 민주노총이 고용 세습에 얼마나 문제 의식이 없는지

3. 민주노총이 왜 사회적 약자가 아닌 촛불을 든 위장 적폐 세력인지 설명 드리겠습니다. 모든 자료는 허위가 아닌 사실이며 노동부 울산지청에 제출된 자료이오니 의심스러우시면 노동부에 확인하면 알 수 있으실 겁니다.

경우가 종종 있다. 매일 파업이나 하는 전문 데모꾼으로 여기는 사람도 있다.

그러나 내게 제보 자료를 보내준 노동자의 편지를 읽어보면 노동 기득권에 연연하거나 단순히 계파 싸움에만 매몰되어 제보 자료를 보내온 것으로는 보이지 않는다.

우리나라의 미래를 생각하는 균형 잡힌 시각이 느껴진다. 본인이 민주노총에 속한 노동자이면서도 민주노총의 한계와 문제를 누구보다 절감하고 있으며 이 문제를 해결하기 위해 자신이 생각한 최선의 방법으로 혼신의 노력을 다하고 있다는 사실이 느껴진다.

한 노동자가 보내준 노조 내부의 적나라한 적폐는 이 시대가 모두 공유해야 할 공적 제보였던 것이다. (이 지면을 빌려 자료를 보내주신 분께 깊은 감사를 전하고 싶다)

우물에 빠진 민주노총

제보 e메일에서도 지적되었지만, 무엇보다 황당한 것은 일련의 사태 전개 과정에서 보여준 민주노총의 어이없는 반응이었다.

그들이 말하는 소위 '관례'라는 말의 의미를 다시금 생각하지 않을 수 없었다. '관례니까 괜찮다'는 그들의 논리 뒤에는 첫째 민주노총의 고용 세습 요구가 오래전부터 곳곳에서 반복되어 온 사실임을 스스로 고백하는 의미가 담겨 있었다. (노조는 채용문 제 뿐 아니라 승진에도 관여해 왔다)

동시에 이는 한국의 노동 운동이 '고용 세습 문제의 심각성'을 전혀 인지하지 못하고 있다는 것을 의미하기도 했다. 고용 세습 에 대해 수많은 청년들이 분노하고 있는 상황에서 '지금까지 쭉 해오던 일'이라는 말을 변명이랍시고 내놓았기 때문이었다.

평등과 공정을 위해 투쟁해야 할 노동 운동이 노조 이기주의에 빠져 사회적 가치관의 변화와 흐름을 전혀 이해하지 못한 채 노조만의 세상에 갇혀 있었던 것이다.

나는 이러한 민주노총 금속 노조의 고용 세습 불감증 행태로 볼 때 '제2의, 제3의 S사'가 분명히 더 있을 것이라고 판단했다. 민주노총의 언행으로 미루어 보건데 S사의 고용 세습 문제는 단지 S사에 국한된 문제가 아니라 민주노총 전체의 문제이며 드러난 것은 빙산의 일각에 불과할 것이라고 추측할 수밖에 없었다.

일단 고용노동부에 요구했다. 고용 세습은 명백하게 공정한 취업 기회를 제한하는 행위이므로 고용노동부는 이를 근절해야 할 본연의 책임이 있다. 그런데 고용노동부는 노조의 고용 세습 현황을 명확히 파악하지도 못하고 있었다.

나는 민주노총에 고용 세습 문제에 대한 사과를 요구하는 동시에, 고용노동부에는 "고용 세습 관련 전수 조사를 진행해서 노조의 고용 세습 실태를 전면적으로 밝혀내자!"고 요구했다.

고용세습원천방지법 발의

노조의 고용 세습 실태를 폭로하고, 고용노동부를 압박해 현황 파악을 끌어냈지만, 궁극의 해결책은 입법이었다. 나는 이렇게 발표했다.

"고용 세습은 청년들의 기를 꺾어놓는 독버섯입니다. 이 독버섯을 완전히 뿌리 뽑기 위해서 고용 세습을 원천 방지할 법안들을 릴레이로 발의하겠습니다."

결국 2019년 1월 '고용세습원천방지 제1호 법안'을 발의했다. 이는 고용 세습 조항이 담긴 노사 간 단체 협약이 신고되면 행정 관청은 이를 무조건 반려하도록 강제하는 법이다.

법원의 준엄한 충고

언제부턴가 한국의 노동 운동은 약자의 이익을 지켜주고 사회 진보에 기여하는 노동 운동이 아니라 노동 기득권 사수에만 집착하는 '노조 운동'으로 전락하고 말았다. 많은 사회적 비판에도 불구하고 아직까지 많은 귀족 노조들이 고용 세습이라는 현대판 음서제의 유혹을 버리지 못하고 있다.

울산 지방 법원은 한 판결문에서 우선 채용 조항의 해악에 대해 이처럼 준엄하게 꾸짖었다.

"사회 질서의 기준은 시대에 따라 다르다. 취업의 기회가 길가의 돌멩이처럼 흔하다면 그것을 얻고 잃는 데에 아무도 관심을 가질 리 없다. 하지만 지금은 일자리가 넘쳐나 누구나 가질 수 있는 시대가 아니다. …… 이동과 상승을 위한 사다리가 있거나, 있다고 믿는 희망은 사회 동력의 근간이다. 그 신뢰를 해하는 것은 적어도 제도적으로 허용되어서는 안 된다."[49]

'노동 기득권'이라는 협소한 세계관에 갇혀 청년의 목소리에 귀를 막고 있는 민주노총이 귀담아 들어야 할 말이다.

---

49 울산지방법원 2012가합2732 [고용의무이행 등]에 대한 판결문 중

금강산 GP를 사수하라
문화재가 된 GP

문재인 정부 시절, 남북은 '9·19 군사 합의'를 체결했다. 이 남북 군사 합의서에는 비무장 지대(DMZ)를 평화 지대로 만들기 위해 남과 북이 각자 비무장 지대 내에 설치한 감시 초소, GP를 철거한다는 내용이 있었다. 이에 따라 남북은 먼저 상호 1km 이내 근접해 있는 GP를 모두 철거하기로 했고, 이에 따라 최전방 GP 중 우선 11개의 GP가 모두 파괴돼 역사 속으로 사라질 운명에 처했다.

GP는 Guard Post의 약자로 남방 한계선을 넘어 비무장 지대 안에 위치한 초소다.[50] 개념상 초소이지만 비무장 지대 안에 자리 잡고 있어 요새에 가깝다. 사실 비무장 지대는 공식적으로 무장 병력이 주둔해서는 안 되는 곳이지만, 대한민국과 북한 모두 비무장 지대 안에 GP라는 요새를 만들어 두고 민정 경찰이란 이름으로 병력을 주둔시키고 있었던 것이다. 북한은 160개의 GP,

---

50 GOP와 GP를 혼동하는 경우가 많지만 GOP(General Out Post)는 DMZ이남 즉 남방한계선을 지키는 일반 전방초소를 의미한다.

대한민국은 60개의 GP를 운영하고 있다. 남북 군사 합의는 바로 이런 GP를 상호 철거하자는 합의를 담고 있었다.

그런데 이런 소식이 전해질 무렵, 유용원 기자가 문제 제기를 했다. 당시 나는 국방위원회에 새롭게 소속된 직후라, 국방 분야의 전문가들을 초청해서 일종의 과외 공부를 하고 있었다. 그중 한 순서로 유용원 기자[51]를 모셔서 강연을 들었는데 유용원 기자가 DMZ에서 GP를 폐기하기로 한 결정에 대해 아쉽다는 의견을 냈다. 가만히 유용원 기자의 의견을 듣다 보니 크게 공감이 되었다.

물론 GP 해체의 기본 취지는 이해할 수 있었다. 남북 간에 우발적 군사 충돌을 예방하기 위해 '비무장 지대 내부'에 존재하는 GP 철거는 필요한 일이었다. 하지만 GP 건물 자체는 한반도 분단과 평화의 역사를 있는 그대로 보여 주는 상징물이기도 했다. 역사적으로 보존 가치가 있는 GP를 무조건 부수는 것이 능사인가? 라는 의문이 들었다. 나는 이렇게 주장했다.

"GP 철거는 남북 간 우발적 충돌을 방지하기 위해 필요한 조치라 생각합니다. 그러나 인력과 전기, 수도, 통신 시설을 철거하면 되지 시설까지 완전 파괴를 할 필요는 없습니다. 최전방 감시 초소(GP)는 반드시 사라져야 하는 핵시설이 아닙니다. GP 시설 자체는 후대와 인류에게 물려줘야 할 역사의 살아있는 현장

---

51 '유용원의 군사 세계'를 운영하는 군사 전문 기자로 밀리터리 매니아들에게 잘 알려진 분이다.

입니다. 분단의 상처인 동시에 우리가 추구하는 평화의 상징물입니다. 역사는 상처도 함께 껴안을 수 있어야 제대로 기억할 수 있습니다."

동시에 관광상품의 의미도 부여했다.

"DMZ가 현재 외국인들이 가장 가고 싶어 하는 관광지가 된 것처럼 최전방 GP는 베를린 장벽과 같이 향후 전 세계인을 불러 모으는 매력적인 관광 상품이 될 것입니다."

그러나 'GP에서 병력과 중화기를 철수하되 건물은 보존하자'는 나의 제안에 대해 정부와 국방부는 아무 답변도 하지 않았고 무대응으로 일관했다.

합참의장도 동의하다

마침 당시 합참의장 후보자의 인사 청문회가 열렸다. 나는 기회를 놓치지 않고 박한기 합참의장 후보자에게 'GP 존치'를 제안했다. 그러자 박 후보자는 '일리 있는 얘기'라며 긍정적으로 답변해 주기도 했다.

하지만, 거기까지였다. 그 이후 GP 존치를 위한 특별한 진전은 없어 보였다. 무엇보다 걱정스러운 부분은 GP 철거에 있어 건물

자체를 폭파 해체하는 방법을 택하고 있다는 점이었다. 건물을 보존한 채 병력만 철수할 경우, 이후 남북 관계가 경색 되었을 시 GP를 재설치할 것에 대한 우려가 작동한 듯했다. 하지만 GP 건물을 폭파할 경우 당장 DMZ내 환경 오염 문제가 걱정되었다.

나는 환경 단체들과 기자 회견을 열었다. 갈등해결&평화센터, 녹색연합, (사)DMZ평화생명동산 등 환경 운동 단체들과 GP 철수에 있어서 군이 폭파 방식으로 해체하는 것은 바람직하지 않다고 주장하며 "GP 중 자연 생태에 큰 무리를 주지 않는 곳은 전쟁의 교훈과 평화와 생명의 소중함을 느끼고 배우는 학습장, 시민들의 공간으로 보전 활용해야 한다."라고 강조했다.

1개라도 지키자

표면상 기존 방침에 일절 변화가 없는 듯이 보였던 국방부는 11월 경, 갑자기 시범 철수 대상 GP 중 남북이 각각 1곳씩을 남기기로 합의했다고 밝혔다. "남북이 보존 가치가 있는 일부 GP에 대한 유지 필요성에 공감했으며, 시범 철수키로 한 각 11개의 GP 중 각 1개소의 GP 시설물을 보존하기로 했다."라는 것이 국방부의 설명이었다. 이에 따라 남북은 병력만 철수하고 시설물은 원형을 유지하는 각각 1개씩의 GP를 선정했다.

우리 측이 선정한 것은 동해안 지역에 있는 이른바 고성 369

GP였다. 고성 GP는 동해에서 가장 가까운 곳으로, 정전 협정이 체결된 1953년 최초로 설치된 GP라서 역사적 보존 가치도 있고, 동시에 금강산, 동해안 등과 연계해 평화적 이용 가능성도 높았다.

나는 이 조치를 긍정적으로 받아들였다. 아쉽게도 모든 GP를 보존한 것은 아니지만, 꿈쩍도 하지 않던 정부가 나의 끈질긴 외침에 일부분이라도 호응해 주었으니 말이다.

시설물 존치가 결정된 고성 GP. 건물의 독특한 외양이 마치 독일의 성을 연상시킨다. 금강산 GP로도 불린다. ⓒ 조선일보

북한을 이용하다

한 가지 재밌었던 것은 GP 보존을 위해 우리가 나름대로 북한을 이용할 계획을 세웠다는 점이다. 나의 'GP 보존' 주장에 대해 국방부와 문재인 정부는 처음엔 전혀 호응해 주지 않았고, 기존의 군사 합의대로 철거 일정을 밀어붙였다.

어떻게 하면 GP를 사수할 수 있을까? 고민하던 우리는 북한을 이용하자는 계획을 세웠다. 추측컨대 철거당할 운명에 처한 북측 GP 중에는 분명, 김일성 일가가 직접 현지 지도를 했던 GP가 있을 것이었다. 수령을 우상화하고 있는 북한에서 그런 GP를 폭파하는 건 결코 수용될 수 없는 일이었다. 따라서 이를 찾아내 여론화 하면 북한이 먼저 GP 존치 의견을 들고 나오지 않겠냐? 라는 아이디어였다.

우리는 북한 지역 GP 중에 김씨 일가가 방문했던 GP를 열심히 추적해 보았다. 그러나 의외로 이 문제는 팩트 확인이 어려웠다. 아무래도 북한 관련 정보이다 보니, 김일성 일가의 현지 방문 GP를 찾아내기가 매우 힘들었다. 결국 문재인 대통령과 김정은 앞으로 공개서한을 발송하는 것으로 방법을 바꾸는 수밖에 도리가 없었다.

그렇게 북한을 자극해서 GP 폭파를 막아보자는 아이디어는 아무 소득 없이 끝나는 듯했다. 하지만, 나중에 알고 보니 김정은이 현지 지도했던 GP가 실제로 존재한 것은 사실이었다.

남북은 양측 공히 철거 예정이던 11개의 GP 중에 각각 1개씩을 남겨두기로 합의했는데, 이때 북측이 보존을 결정한 까칠봉 GP가 바로 그 GP였다. 김정은 국무위원장이 2013년 6월, 중부전선의 까칠봉 GP[52]를 방문한 사실이 있는데 북은 이 GP를 보존키로 결정한 거였다. 우리의 가설이 맞아 떨어졌던 것이다.

문화재가 된 GP

이듬해 4월에는 더 의미 있는 일이 있었다. 우리가 그토록 주장했던 대로 GP의 문화재 등록이 이뤄진 것이다. 나는 GP 철거 논란이 발생했을 때부터 GP가 역사의 현장이므로 존치해야 한다고 주장했고, 정재숙 문화재청장을 만나 고성 GP의 문화재 등록까지 요청했는데 이 일이 결국 현실이 되었다.

돌이켜 보면 "왜 국방위원이 문화재 타령을 하느냐?"라는 소리까지 들으면서 국회의원들 중에는 거의 나 혼자 미친 듯이 부르짖던 GP 살리기였다.

하지만 GP 살리기 운동 과정에서 많은 군필자들의 응원을 받았다. GP에 근무했던 전역자분들이 문자나 댓글로 많은 격려를 남겨주었다. 그들의 한결같은 의견은 '자신들이 직접 만들고 가꿨던 추억의 장소를 폭파시키지 말아 달라'는 요청이었다. 그들

---

52 까칠봉 GP는 남측 GP와 불과 350m 떨어진 북측 GP다.

의 의견처럼 GP는 역사의 현장이자 우리 장병들의 피와 땀이 서린 공간이었다.

우리는 결국 지켜낸 '하나의 GP'에 큰 보람을 느꼈다. 먼 훗날 이 곳에 들러 살아있는 역사의 현장을 둘러볼 후대들의 모습을 상상하면서...

5부

해운대를
지켜라

우리 집을 뺏기게 생겼어요
해운대 마린시티 사건

　해운대의 '마린시티 자이' 아파트 거주민들이 민원을 들고 찾아 온 것은 21대 총선 준비로 한참 정신없던 2020년 2월이었다. 그 내용은 참으로 안타까운 사연이었다. 우리는 선거가 끝나자마자 본격적인 대응에 돌입했다.

　의원실에 민원을 들고 오신 마린시티 자이 입주자들은 정상적인 매매 계약을 통해 아파트를 구입한 분들이었다. 그런데 어느 날 갑자기 집을 뺏기게 생겼다는 것이다. 아파트가 새로 지어진 직후 최초로 그 집을 분양 받았던 사람이 '부정 청약'으로 당첨되었다는 사실이 뒤늦게 밝혀진 게 발단이었다.

　당시 주택법에 따르면, 부정 청약으로 분양되었던 집인 줄 모르고 입주했다 하더라도 시행사는 그 후속 계약자들과의 입주 계약을 취소할 수 있었다. 이 사실을 꿈에도 모른 채 살고 있던 입주민들이 시행사로부터 날벼락 같은 계약 해지 통보를 받게 된 것이다. (여기서 부정 청약이란, 위장 전입을 하거나 다른 사람의 청약 통장을 사서 분양을 받는 등 부정한 방식으로 분양받은 경우를 말한다. 이때 최초로 부정 청약을 받은 사람들은 이미 높은 피fee를 얹어서 팔고 사라진 상태였고 현 입주자들은 나중에야 그들의 부정 사실을 알게 된 것이다)

당시는 집값이 하늘 높은 줄 모르고 상승할 때였다. 계약이 취소되면, 시행사는 현재의 입주민들에게 최초 분양가만 지불하고 그 아파트를 가져갈 수 있었다. 예를 들어 분양 당시 가격이 3억이었다면, 현재 시가가 15억이라고 해도 3억만 주고 현 입주자를 내쫓을 수 있는 식이다. 시행사가 현 입주자들에게 '계약 취소'를 들고 나온 것은 아마도 헐값에 아파트를 회수해서 큰 시세차익을 얻으려는 목적이었을 것으로 추정되었다.

시행사는 큰 이득을 챙기는 반면, 최초 분양자로부터 아파트를 구입한 현재의 입주민들은 막대한 손해를 본다. 만일 7억을 주고 그 아파트를 구입한 사람이라면 시행사에게 3억만 돌려받으므로 하루아침에 집도 뺏기고 4억도 날리게 된다. 내 집 마련을 위해서 평생 모은 그 돈을 말이다.

이런 상황이 발생한 근본적 원인은 당시 주택법의 맹점 때문이었다. 주택법은 부정 청약을 방지한다는 이유로, 죄 없는 후속 입주자들에게까지 계약 취소의 길을 열어두고 있었다.

주민들 입장에서는 내 집 마련의 꿈을 좇아 있는 돈 없는 돈 다 끌어 모아 집을 샀는데, 나중에 알고 봤더니 그 주택이 부정 청약된 주택이었고 그 때문에 계약 취소를 통보받는 날벼락 같은 일이 벌어진 것이었다. 상황은 심각했다. 하루아침에 멀쩡한 집

을 빼앗길 위기에 처한 세대가 해운대 마린시티 자이에만 40세
대가 넘었다.

플랜 A

이 문제를 어떻게 해결할 것인가? 라는 고민 속에서 일단 담당
부처인 국토교통부 담당자를 의원실로 불러서 대책을 논의했다.
그러나 담당 공무원이 보기에도 해법이 나오지 않았다. 당시의
주택법으로는 시행사의 계약 취소를 막을 방법이 없었다.

우리는 주무 부처인 국토부가 시행사에게 직접 공문을 보내 달
라고 했다. 선의의 피해자가 생기지 않도록 계약 취소를 철회해
달라는 내용으로. 하지만 국토부가 보낸 공문에도 시행사는 묵
묵부답이었다.

우리는 피해자들과 협의하며 다른 해법을 고민을 하다가 〈주
택 공급에 관한 규칙〉을 개정하는 방법을 생각해 냈다. 시행사가
계약을 취소하고 재분양을 하더라도 추가 이익을 얻지 못한다
면, 입주자를 내쫓을 동기가 사라지지 않겠는가?

이 규칙은 국토부가 직접 정하는 '국토부령'이라 국회 통과를
거치지 않아도 되고 국토부가 자체적으로 바꿀 수 있었다. 우리
는 국토부와 협의하여 '부정 청약으로 청약이 취소된 주택을 재
분양 할 경우, 시행사가 최초 분양가 이상의 금액을 책정할 수

없도록' 〈주택 공급에 관한 규칙〉을 개정했다. 즉 계약 해지로 시행사가 얻을 수 있는 기대 수익을 봉쇄해 버린 것이다.

플랜B를 동원하다

하지만 국토부령까지 바꿨음에도 불구하고 시행사는 기존 입장을 계속 고수했다. 시행사는 아예 입장문을 발표하고 '계약 해지 철회 불가'를 공식 선언하기도 했다. 시행사는 "주택 공급 시장의 거래 질서를 바로잡고, 시장 교란 행위를 방조할 수 없기 때문에, 경제적 이득이 없음에도 불구하고 부정 청약으로 분양된 주택들에 대한 계약을 해지하겠다."라고 주장했다.

아무래도 호락호락한 상대가 아니라는 생각이 들었다. 이때 마침 그 시행사의 불법 행위에 대한 제보가 들어왔다. 시행사가 로얄층 3개 세대를 빼돌려 불법 분양을 했다는 제보였다. 이 내용이 맞다면 '주택 공급 시장의 거래 질서 정립'을 운운하던 시행사에게는 타격이 될 수밖에 없었다. 우리는 이 제보를 국토부에 넘겨 결국 경찰에 수사 의뢰했는데 나중에 모두 사실로 드러났다.

시행사는 자신들의 불법 행위가 밝혀지고 이 문제로 과태료까지 얻어맞은 뒤에도 여전히 고집을 굽히지 않았다.

플랜C가 등장하다

결국 시행사를 압박하기 위해 나는 비장의 카드를 동원하기로 결심했다. 아예 문제의 뿌리가 된 주택법의 해당 조항을 개정하는 일에 뛰어든 것이다.

앞서 언급했듯이 원래의 주택법 조항에는 중대한 허점이 있었다. 부정 청약으로 분양된 주택은 그 후에 여러 사람의 매매를 거치더라도 사업 주체가 계약을 파기할 수 있었다. 바로 그 조항 때문에 선의의 피해자가 양산될 수 있었다.

내가 만든 개정안의 내용은 이렇다. '현재의 입주자가 부정 청약 받은 사람과 아무런 관계가 없다는 사실이 입증되면, 해당 계약은 절대 취소할 수 없다'

나는 하루라도 빨리 주택법 개정안을 통과시키기 위해 쉬지 않고 뛰어다녔다. 자칫하면 집을 빼앗길 지도 모른다는 위기감 속에서 하루하루 극심한 마음고생을 하고 있을 피해 주민들을 생각하니 한시가 급했다.

당시 나의 소속 상임위는 국토교통위원회[53]가 아니라 국방위원회였지만, 그 판국에 상임위가 중요한 게 아니었다. 나는 국토교통위원회 전체 회의에 들어가서 직접 법안 설명까지 하면서 의원들의 동의를 얻어냈다.

---

[53] 주택·토지·건설·수자원 등의 국토 분야와 철도·도로·항공·물류 등 교통 분야를 관장하는 국회 상임위원회

그때 피해 주민께 받은 편지를 의원들한테 직접 읽어주기도 했다. 편지에는 이런 문구가 있었다.

"요즘 저는 지난 평생을 잘못한 일이 있었는지, 남의 눈에 눈물 흘리게 한 적은 없었는지 매일 반성합니다. 이 나이에 전 재산인 집을 잃게 되었다는 것을 믿을 수가 없습니다. 정당하게 열심히 사는 사람의 재산을 빼앗는 것이 법의 역할은 아니지 않습니까?"

그렇게 발이 닳도록 뛰어다닌 결과, 주택법은 매우 빠르게 통과되었다. 법을 발의한 지 불과 한 달 보름 만에 국회 본회의를 통과한 것이다.[54]

국회에는 수많은 법안들이 계류되어 있고, 대개의 경우 먼저 발의된 법부터 순차적으로 논의하기 때문에 몇 년이 걸려도 통과가 안 되는 법안들이 산적해 있다.

이런 상황에서 발의부터 본회의 통과까지 불과 한 달 보름 만에 해결했다는 것은 선의의 피해자들을 하루빨리 구제해야 한다는 의원들의 공감대가 있었기 때문이었다.

하지만 법안이 통과되었다고 해서 문제가 바로 해결되는 것은 아니다. '법률 불소급 원칙'[55] 때문에 개정된 주택법을 당장 마련

---

54 이 주택법 개정안은 2021.1.13.에 발의 되어, 2021.2.26에 본회의를 통과했다. 발의 후 불과 '한 달 보름' 만에 통과된 것이다. 우리나라 입법시스템을 잘 아는 사람들이 볼 때는 이 역시 윤창호법에 버금가는 기적적인 일이다. (편집자 주)

55 법은 시행 후에 발생한 일에만 적용되며, 이전에 발생한 사항에 대하여는 소급하여 적용되지 않는다는 원칙

시티의 피해 주민들에게는 적용할 수 없었다.

그럼에도 불구하고 내가 주택법 개정에 매달렸던 것은 관련 입법을 통해 이 문제를 이슈화하고, 시행사 측을 압박할 수 있는 부수적 효과를 기대했기 때문이었다. 물론 이 법의 개정은 향후에 또 생길지도 모를 선의의 피해를 예방하는 역할을 할 것이다.

최후의 일격

시행사는 이번에도 요지부동이었다. 국회가 한 달 보름 만에 이례적으로 부정청약피해방지법(주택법 개정안)을 통과시키는 시위성 입법을 했음에도 불구하고, 시행사는 계약 취소 의사를 굽히지 않았다. (시위성 입법이라는 표현을 썼지만, 이는 입법자의 의도를 명확하게 전달하겠다는 의미다)

시행사 측은 압박을 받기는커녕 오히려 법률 대리인을 내세워 나를 비난했다. "하태경 의원이 민원성 법률 안을 발의했고, 이것은 공정성을 담보할 수 없는 편파적 법안"이라는 주장이었다.

하지만 법에 허점이 있다는 것을 알게 된 이상 그것을 고치는 걸 민원성 편파 입법이라고 비난할 수 없다. 오히려 이를 눈감는 것이 입법자의 의무를 저버리는 것이다.

법안 통과에도 불구하고 꿈쩍도 하지 않는 시행사를 저지할 수 있는 더 강력한 수단이 도대체 뭐가 있을지 고민이 깊어졌다. 우리는 GS건설을 불러 의논해 보기로 했다. 이 아파트의 분양 업무에는 시행사 외에도 시공사인 'GS건설'과 '하나자산신탁'이 관련되어 있었기 때문이었다. 이들은 시행사와 체결한 〈분양업무위탁계약서〉에 근거해서 분양, 계약, 전매 등 업무에 관한 일체의 권한까지 갖고 있었다.

"이 사건에 GS건설도 개입된 걸로 알고 있습니다. GS건설이 주민의 편에 서 주세요!"

다행히 GS건설과는 대화가 잘 통했다. GS건설은 "주민들에 대한 계약 해지 의사가 없다"는 확약을 해주었을 뿐 아니라, 전폭적인 협조를 약속했다. 알고 보니 당시 GS건설은 시행사로부터 공사 대금을 받지 못해서 시행사와 법정 다툼 중이었다.

GS건설은 주민들과 시행사 간 소송전을 지원하기 위해 김앤장 변호사를 붙여 주기까지 했다. 그리고 바로 이 변호사가 사건을 열심히 검토하더니 매우 신박한 논리를 하나 제출했다.

"시행사는 분양 업무를 하나자산신탁과 GS건설에 위탁했고, 청약서에 도장 찍은 주체도 시행사가 아니라 하나자산신탁이므로 계약 취소 자격도 하나자산신탁에 있습니다. 시행사는 계약 취소 소송을 제기할 자격 자체가 없습니다."

요컨대 시행사는 부정 청약 취소 소송을 제기할 법적인 자격 자체가 처음부터 존재하지 않는다는 논리였다. 우리가 전혀 생각지 못한 논리를 김앤장 변호사가 발견한 것이었다. 결국 법원은 이 주장을 받아들여 시행사의 계약 취소 소송을 각하해 버렸다.

그 바람에 시행사 측은 첫 재판에서 패소했고, 승소 가능성이 없어진 남은 재판들도 스스로 포기했다. 이로써 이 사건은 무려 3년 만에 입주민 측의 완전한 승리로 끝난다.

후일담

다른 아파트에서도 이와 유사한 부정 청약 문제가 있었지만, 시행사가 나중에 입주한 사람의 집을 빼앗기 위해 계약 취소를 추진하는 경우는 거의 없었다. 법적 허점에도 불구하고 그동안 이런 문제가 불거지지 않았던 이유는, 아무도 이를 악용하려 하지 않기 때문이었다.

그러나 마린시티 자이 시행사는 그동안 알면서 아무도 건드리지 않던 법의 허점을 실제로 이용했다. 이 때문에 죄 없는 주민들은 평생 모은 재산을 한순간에 날릴 지도 모른다는 공포 속에서 수년을 보내야 했다.

의원실 입장에서는 법적 한계라는 근본적으로 불리한 조건 속에서 주민의 집을 지켜야 한다는 일념으로 모든 수단을 총동원하여 달려온 3년이었다. 국토교통부 부령을 개정하고, 주택법 개정까지 해냈다. 시행사의 비리를 고발하고 대기업을 끌어들이는 정치적 압박까지 불사했다.

이 과정에서 우리 의원실 장 비서관은 첫 민원 접수부터 시행사의 소송이 각하되는 그 순간까지 국토부와 주민들, 시공사 등 여러 관계 기관들과 긴밀하게 연락하면서 때로는 호소를 들어주고 때로는 아이디어를 나누면서 진정성을 갖고 긴 시간을 함께했다. 긴 투쟁이 끝났을 때, 주민들이 감사하게도 마을 입구에 작은 현수막 한 장을 걸어 주셨다.

사태 해결 이후 주민들이 아파트 단지에 내건 현수막

하태경이는 반성부터 하라우
부산 세계마술올림픽 유치 비사

2015년 7월, 이탈리아의 휴양지 '리미니'에서 다음번 세계마술올림픽 개최지에 대한 투표 결과가 발표되었다.

"부산 254표, 헬싱키 141표. 2018년 세계마술올림픽 개최지는 부산입니다!"

투표 결과를 발표하는 순간 세계마술연맹 FISM[56] 총회장에서는 환호성이 터져 나왔다. 내가 조직 위원장으로 있던 부산국제매직페스티벌 조직위원회와 부산시, 한국관광공사, 부산관광공사, 해운대구 등으로 구성된 한국 대표단이 경쟁 도시인 핀란드 헬싱키를 누르고 부산에 세계마술올림픽을 유치하는 순간이었다.

나는 3년 전, 세계마술올림픽 부산 유치에 실패하고 나서 낙담한 채 돌아갔던 기억을 떠올렸다.

부산국제매직페스티벌(BIMF) 조직위는 3년 전인 2012년에도

---

56 세계마술연맹의 영문명은 International Federation of Magic Societies

세계마술올림픽 부산 유치에 나섰다가 48표 차로 이탈리아에 밀려 고배를 마신 적이 있었다. 2015년의 유치 성공은 3년 전 실패의 설욕이기도 했던 것이다.

2012년 당시 우리가 마술 올림픽 유치에 실패한 이유는 간단히 말해 부산이 갖는 지리적 조건 때문이었다. 세계마술연맹을 주도하는 곳은 유럽이다. 유럽 마술계에는 연세가 많으신 베테랑 마술사들이 많다. 마술 올림픽 개최지를 결정할 때 이분들이 비행기를 한 번 타느냐 두 번 타느냐가 매우 중요한 문제였던 것이다.

세계마술연맹이 갖고 있는 마술처럼 독특한 투표 방식도 문제였다. 마술 연맹의 투표 방식은 '나라별 한 표' 외에 '클럽별 한 표'가 또 있었다. 그런데 이 마술 클럽들은 대다수가 유럽에 존재했고 그러다 보니 결국은 거의 유럽 측 인사들이 중요한 결정을 도맡아 하는 식이었다. 아무래도 마술의 중심지가 유럽이라 아시아에서 마술 올림픽을 유치하기가 힘든 구조였던 것이다.

하지만, 우리는 첫 번째 도전에 실패한 뒤로 포기하지 않고 재기의 칼을 갈았다. 해마다 '부산 매직 페스티벌'을 개최하며 3년 동안 계속 세계마술연맹 지도부를 초청했다. 일단 마술계 지도부의 마음을 먼저 얻기 위해 부단한 노력을 기울인 것이다.

개최지 결정을 앞둔 시점에서는 꼼꼼하게 준비된 프리젠테이션과 함께 부산 홍보관을 운영했고, 투표권을 가진 각국 위원들과 지속적인 1대1 비공식 면담을 하며 설득해 나갔다. 투표 전

날에는 주요 대표단을 대상으로 '한국의 밤'을 개최하기도 했다. 그날 밤, 단테 세계마술연맹 회장은 "부산은 왠지 유럽과 아시아를 섞은 듯한 매력이 있는데 마술 도시로서 커다란 장점"이라고 말했다. 뭔가 좋은 결과를 짐작케 하는 발언이었다.

그리고 예상은 적중했다. 여러 가지 어려운 조건과 환경에도 불구하고 2018 세계마술올림픽의 개최지로 '부산'이 최종 확정되었다.

"하태경이는 반성문부터 쓰라우"

지금은 고인이 되신, 재일 교포 출신의 마술사가 한 분 계셨다. 일본에서 평생 동안 마술사로 활동하신 고(故) 안성우 선생님이다. 안성우 선생께서는 초창기에 부산 매직 페스티벌을 만드는 데 중요한 역할을 했고, 부산 반송에 있는 동부산 대학교에 마술학과를 개설하는 등 마술계의 발전을 위해 많은 노력을 해 오신 분이다.

그분에게는 평소 꿈이 있었다. 남북한의 마술사들과 재일 교포 마술사들이 모두 모여 한민족 차원의 거대한 마술 축제를 함께 하는 것이었다.

평소 안 선생의 지론을 익히 알고 있던 나는 부산 매직 페스티벌 조직위원장을 맡은 이후, 북한 마술단을 초청하고 싶다는 초청 의사를 안성우 선생 편에 전달했다.

북한 마술단[57]이 부산에 와서 매직 페스티벌에 참가하게 되면 북한의 대외 개방에도 도움이 되고, 남북이 함께 마술 공연을 펼치면 남북 평화 분위기 조성에도 긍정적으로 기여할 것이라고 생각했기 때문이었다.

그러나 나의 이러한 의사를 북측에 전달했을 때, 안성우 선생이 북측으로부터 받아 온 답변은 황당했다.[58]

"하태경이 우리하고 대화를 하고 싶으면 먼저 반성문부터 써라. 그동안 수령님을 모독한 대가가 너무 크다."

참으로 유치한 비난이 아닐 수 없었다. 부산 매직 페스티벌과 나의 정치적 소신은 아무 상관이 없는 문제인데, 지난 시절 나의 전향에 대해 북측이 촉수를 세우고 있다가 난데없이 반성문을 요구한 상황이었다.

어이없고 황당한 소리였지만, 현실적으로 내가 부산 매직 페스티벌 조직위원장으로 있는 동안 북측 마술계와는 대화가 힘들겠다는 생각이 들었다.

---

57 북한은 마술을 요술, 마술사를 요술 배우라 부른다.
58 안성우 선생은 일본 국적의 재일 교포라서 우리 정부의 허락을 받지 않고 북한 측과 접촉할 수 있었다.

북측 인사에게 자랑을 하다

그러나 그로부터 몇 년 뒤, 북한마술협회는 나에게 감사해야 할 일이 생겼다. 적극적으로 세계마술대회 참가를 희망해온 북한이 세계마술연맹에 공식 회원국으로 가입신청을 했을 때다. 이미 친분이 있던 세계마술연맹 관계자가 공식 회의도 하기 전에 나와 한국의 의사를 먼저 타진해 왔던 것이다.

"북한 가입 문제에 대해 한국의 의견이 제일 중요하다. 한국이 반대하면 북한을 회원국으로 받지 않겠다."

북한의 가입 승인 여부에 대해 대한민국의 입장을 우선 고려하겠다는 얘기였다. 내가 반대하면 북한의 세계마술연맹 회원국 가입을 막을 수 있던 상황이었다.

개인적으로는 북측 마술계와 묵은 감정이 있을 수도 있었지만, 이런 문제 앞에서 지나간 악연을 내세울 일은 아니었다.

무엇보다 북한에 '개방의 물결'을 불어넣어야만, 그들을 정상적인 지구촌의 일원으로 만들 수 있다는 것은 나의 일관된 소신이었다.

결국 우리는 "북한의 세계마술연맹 가입을 반대하지 않는다."라는 입장을 정리했고, 곧이어 북한은 정식 회원국이 된다. 세계마술연맹은 2017년부터 북한에 세계마술올림픽 출전 자격을 부여했다.

나중에 영국에서 세계마술연맹 총회가 열렸을 때, 주(駐)영국 북한 대사관 직원을 만날 기회가 있었다.[59] 나는 그에게 은근히 자랑 아닌 자랑을 했다.

"아마 내가 반대했으면, 북한의 세계마술연맹 회원국 가입이 불가능했을 겁니다. 가입 축하합니다."

그 이후, 2018년 세계마술올림픽의 부산 개최를 준비하면서 우리는 북한 마술단을 부산에 초청하는 이벤트를 다시 추진했 다. 이번에도 안성우 선생이 '부산세계마술올림픽 예술감독' 자 격으로 직접 평양을 방문해 북한 마술사들에게 출전권과 특별 초청장을 전달하며 북한의 부산 대회 참가를 요청했다.

결과적으로 북한 마술사들의 부산 대회 참가는 성사되지 못했 지만, 내가 전달받은 북한 측 분위기는 그 전과 사뭇 달라져 있 었다. "한번 검토해 보겠다." 식의 중립적인 답변이 돌아왔지만, 안성우 선생은 "이번엔 하태경 때문에 안 된다는 이야기는 안 하 더라."라며 달라진 분위기를 전해 주었다.

당시는 남북 관계에 온기가 돌던 시절이라, 북한 마술팀 참가 를 위해 남북체육회담에서 관련 의제가 논의되기도 했다. 그런 분위기 덕분인지 아니면 내가 북한의 마술협회 가입을 사실상

---

[59] 그 당시 주영국북한공사는 유명한 태영호 의원이었다. 나는 그의 부하 직원을 만난 셈이다.

용인해준 덕분인지 알 수는 없지만, 나에 대한 북한의 입장이 누그러진 것은 확실해 보였다.

이러한 일련의 과정은 설사 나 같은 반북 인사라고 해도 북한이 대화를 완전히 거부하지는 못한다는 사실을 잘 보여준다. 종종 북한과 평화적 관계를 수립하기 위해서 북한에 대해 할 말이 있어도 참고 되도록 저자세로 나가야 한다는 논리를 내세우는 사람들이 있는데 이는 현실을 모르는 말이다. 북한은 그렇게 감정적이지 않다.

세계대회 유치의 경험

부산 세계마술올림픽을 유치하면서 느낀 점이 있다. 대한민국은 앞으로 명실상부한 글로벌 국가가 되어야 한다는 것이다.

첫 번째 시도에서 부산 세계마술올림픽 유치에 실패하고 재수를 하면서 뼈저리게 느꼈던 것이 해외 네트워크의 중요성이었다.

북한 인권 NGO 활동 시절 맨몸으로 뛰어 미국 의회 관계자들을 설득해 펀딩을 받아내기도 했지만, 세계마술올림픽 유치를 위해 외국의 결정권자들을 접촉하고 설득하는 일은 또 다른 차원의 과업이었다.

세계 10위권의 경제력과 세계 6위권의 군사력을 갖춘 대한민국은 날로 큰 국제적 역할을 요구 받고 있으며, 이를 실천하는 것이 더욱더 중요한 의미를 지닌다. 국제 사회의 일원으로 끊임없이 긍정적인 국가 이미지를 창출해 내고 꾸준히 외교적 우군을 만드는 일은, 당장에는 별 실속이 없어 보일 수도 있지만 향후 대한민국의 안보와 경제를 위해 점점 더 큰 의미를 가질 수밖에 없다.

2018세계마술올림픽 포스터

게임, 장애인에게 더 필요하다
뇌병변 장애인[60] 게임 개발

    내가 '장애인의 게임 접근성'이라는 생소한 의제에 관심을 두게 된 것은 2019년 카나비 구출 작전, 2021년 확률형 아이템 조작 사건 등 굵직한 게임계 현안을 해결했던 사정과 관련이 있다.

    이런 사건들은 게임에 직접 참가하는 게이머에게는 환영할 만한 일들이었지만, 게임을 제작하고 운영하는 기업 입장에서는 다소 불편한 일이었다. 그 때문에 게임 업계에서는 나를 일종의 저승사자 취급하는 경향마저 생겼다. "하태경은 게임 업계랑 무슨 원수가 졌는지 한번 물면 끝까지 파고 들어간다."라는 소문이 돌기도 했다.

    그러나 나는 게임 자체를 부정적으로 보는 것은 아니었다. 우리나라 게임 산업은 문화 콘텐츠 산업의 60퍼센트 이상을 차지하는 한국 IT산업의 주요 축이다.

---

60 뇌성마비, 뇌손상, 뇌졸중 등 뇌의 병변으로 인해 보행과 운동 등 일상생활이 어렵거나 불가능한 장애를 말한다.

나는 그동안 해왔던 감시자, 고발자의 역할에서 한 걸음 나아가 게임계의 발전을 위해 뭔가 이바지할 수 있는 일을 찾아보고 싶었다.

게임 이슈를 중독이나 도박 등의 부정적인 문제로 소비할 것이 아니라, 게임의 긍정적 역할을 모색하고 제도적으로 지원하는 방안은 없을지 찾아보기 시작했다.

장애인이라고 게임을 즐기지 말라는 법은 없다

어떤 사업이 좋을지 고민하던 차에 시야에 포착된 작은 사건이 있었다. 그것은 세계 최고의 프로게이머로 알려진 임요환 선수가 시각 장애인과 거의 대등한 게임을 펼치다가 신승을 거뒀다는 소식이었다. 나는 그 뉴스를 접하고 큰 충격을 받았다. 이전까지는 시각 장애인이 게임을 할 수 있다는 생각 자체를 해본 적이 없었기 때문이다.

그러나 인간은 한마디로 '의지의 존재'다. 무언가 필요한 일, 해야 할 일이 있다면 우리는 스스로 필요한 감각을 훈련하고 연습해서 어떻게든 목적을 달성한다.

장애인과 게임도 마찬가지다. 장애인이라고 해서 게임을 즐기지 말라는 법이 없다. 국가와 사회가 장애인들이 좀 더 쉽게 게임을 접할 수 있게 조금만 정책적 지원을 해준다면, 장애인들은 제약과 한계를 넘어 충분히 게임의 세계에 입문할 수 있다.

그런 인식의 전환을 바탕으로 시작한 것이 장애인 게임 접근성 문제였다. 나는 장애인 게임 접근성 문제가 '지금껏 생각하지 못했던 게임의 새로운 사회적 가치'를 발굴해 내는 일이라고 확신했다.

"이 사업, 우리가 꼭 살려 내겠습니다"

물론 기존에도 장애인을 대상으로 하는 정부 정책이나 게임 업계의 사회 공헌 프로그램이 있기는 했다. 그러나 이 프로그램들은 모두 장애인이라는 한계에 맞춰 별도로 만들어진 게임이거나 교육, 훈련 목적으로 개발된 게임들뿐이었다.

내가 진짜 원했던 것은 장애인과 비장애인이 '같은 게임'을 즐기는 것이었다. '장애인들이 비장애인과 실제 같은 게임을 할 수 있도록 추진해 온 정부 사업이 그동안 하나도 없었을까?' 열심히 뒤져보니 국립 재활원[61]에서 진행하던 사업이 하나 있었다.

원래는 노인이나 장애인에게 필요한 보조 기구를 개발하는 사업으로 시작한 일이다. 그런데 장애인 아이들을 키우는 학부모님들이 찾아와서, "장애인도 게임을 할 수 있도록 도와 달라!"라

---

61 국립 재활원은 2021년 '같이게임, 가치게임' 프로젝트를 통해 뇌병변 장애인 가족과 전문가 등이 함께 게임 보조 기기와 활용 안내서를 개발하고 배포하는 사업을 추진했다.

고 요청한 것이 계기가 되어 본격적인 장애인 게임 접근성 차원으로 확장된 사업이었다.

실제 현장에서 이 사업을 추진해 온 관계자들을 만나 보니 장애인 가족들이 게임으로 어떻게 소통할 수 있는지, 그 역할이 얼마나 큰지 확인할 수 있었다. 장애인 가족들은 "평생 겪어 보지 못했던 가족 간의 교감을 게임을 통해 이룰 수 있었다."라며 감격했다는 것이 실무자들의 평가였다.

(당시는 코로나 시기였는데, 평상시에도 이동이 제약된 장애인 가족들에게는 온 가족이 함께 할 수 있는 여가 활동이란 더욱 빈약할 수밖에 없었다)

하지만 이 사업은 1년 간 다양한 보조 기구를 개발하고 많은 곳에서 긍정적인 반응을 얻었음에도 예산 문제로 사업 중단이 예고된 상태였다.

나는 중단 위기에 빠진 이 사업을 다시 되살려 내야겠다고 결심했다. 그리고 어디서 용기가 났는지, 그동안 사업을 열심히 추진해 온 관계자들에게 덜컥 약속부터 하고 말았다.

"이 사업, 우리가 어떻게든 살려 보겠습니다!"

사실 나는 관련 상임위 소속도 아니었지만, 일단 말부터 내뱉은 거였다. 그만큼 나는 이 사업의 사회적 가치에 대해 처음부터 강한 확신을 갖고 있었다.

하지만 구체적으로 어디서부터 시작해야 할지는 막막했다. 일단 여러 공공 기관에 무작정 공문을 보냈다. '의원실 차원에서 장애인 게임 접근성 사업 예산 지원을 적극적으로 추진할 테니 실무를 맡아 달라'는 내용이었다.

반응은 신통치 않았다. 장애인 게임 접근성의 문제는 생소한 사업이었고 선례도 없었기 때문에 적극적으로 나서겠다는 기관이나 주체가 없었다. 더구나 사업 집행권도 없는 국회의원 한 사람의 요구였으니 더욱 받아들여지기 어려웠다.

고민 끝에 생각해 낸 것이 지역구인 해운대에서 열리는 'G스타'였다. 'G스타'는 매년 해운대 벡스코에서 열리는 국내 최대 규모의 게임 축제다. 그곳에서 토론회를 열고 장애인 게임 접근성 문제를 의제화 하면 기업이나 공공 기관에서 관심을 가질 수 있으리라 생각했다.

토론회 제안서를 만들어 이곳저곳에 뿌렸다. 그러나 이 역시 호응은 별로 없었다. 관계 기관들의 비협조 속에서 토론회 개최는 힘차게 진행되지 못하고 차일피일 미뤄졌다.

하지만 이대로 포기할 수는 없었다. 나는 보좌진과 함께 지속적으로 관련 기관과 공무원들에게 호소했다.

우여곡절 끝에 겨우 토론회가 성사됐다. 다행히도 결과는 성공적이었다. 장애인도 비장애인과 똑같이 게임을 할 수 있도록 돕자는 취지에 많은 기관이 관심을 표명했다. 국회 입법 조사처는 '장애인 게임 접근성' 필요성을 제일 먼저 인정하며 제도 개선을 촉구했다. 시각 장애인인 김예지 의원도 국정 감사에서 장애인 게임 접근성의 필요성을 적극적으로 주장했다. 나는 2022년 윤석열 대통령 후보 캠프 게임특별위원장으로서 이 사안을 정책 공약화 했다.

이렇게 여러 기관과 단체의 도움 덕분에 '한국콘텐츠진흥원'이 장애인 게임 접근성 가이드 라인 개발 업무를 맡게 되었다.

인간 극장, 예쁜이 3형제

나는 기존의 성과를 더 확대하기 위해 다시 한번 'G스타'에서 토론회를 열기로 했다. 이번에는 토론회 외에도 메인이벤트가 하나 더 있었다. 뇌병변 장애를 겪고 있는 장애인 부부와 그 아들 삼형제가 실제로 '카트라이더' 게임을 하는 가족 e스포츠 대회를 추진한 것이다. 장애인 가족이 함께 게임을 즐기는 모습을 직접 보여 준다면 게임 접근성에 대한 문제를 효과적으로 호소할 수 있으리라 기대했다.

이때 섭외된 분들은 다큐멘터리 '인간 극장'에 뇌병변 장애인으로 소개되면서, 예쁜이 3형제의 부모님으로 알려진 분들이었다.

이벤트를 성사시키기까지 많은 관문을 넘어야 했다. 장애인을 초빙해서 게임을 치르는 일이다 보니 여러 가지로 조심스런 부분들이 있었다. 자칫 장애인을 홍보거리로 이용한다는 비판을 들을 수도 있는 문제였다.

우리는 행사의 취지와 필요성을 충분히 설명했고 다행히 예쁜 이 3형제의 부모님들은 '인간 극장'에 출연하셨던 경험이 있어서 인지 이벤트에 적극적으로 호응해 주셨다.

부모님들이 지금까지 '카트라이더'라는 게임을 해본 적이 없었다는 것도 문제였다. 사전 연습이 필요했다. 이를 위해 행사가 있기 한 달 전부터 집에 프로그램과 보조 장비를 설치하고, 게임을 가르쳐 주고, 함께 연습을 해야 했다.

행사 당일의 실무에도 여러 가지 어려움이 있었다. 일단 현장에 장애인을 위한 시설이 만족스럽게 갖춰지지 않았고, 그러다 보니 부산으로 이동하는 일 자체가 엄청난 모험에 가까웠다. KTX 등을 이용하기가 거의 불가능해서 고민 끝에 실무를 맡은 콘텐츠진흥원이 담당 직원과 함께 비행기로 모셔오는 방법을 택했다.

행사 당일에는 해설자도 섭외를 해서 경기 도중 해설과 중계까지 진행했다. 아빠가 아들에게 아이템을 사용하며 질주를 방해하자 해설자는 "아들을 기어이 이겨 먹으려 하나요?"라며 현장을 웃음바다로 만들었다. e스포츠는 해설을 곁들여 함께 보아야 재미있다.

콘텐츠진흥원의 실무자들은 이 모든 난해한 과정을 착실하게 도맡아 처리해 주었다.

반응은 기대 이상이었다. 부모님과 아이들이 두 편으로 나뉘어 장애인 가족이 카트라이더 게임을 하며 서로 웃고 왁자지껄하는 모습을 보니 여느 행복한 가정과 다를 게 없었다. 우리 사회가 윷놀이 이후로 잃어버린 가족 간의 소통과 화합의 시간을 어쩌면 게임을 통해 회복할 수 있지 않을까 하는 생각도 들었다.

이 이벤트를 통해 우리가 보여주고 싶었던 것은 e스포츠의 가능성이었다. 일반 스포츠는 '사람의 신체'를 이용하기 때문에 장애인과 비장애인을 구분 지을 수밖에 없다. 그러나 e스포츠는 전혀 사정이 다르다. 게임 안에서는 신체적 조건의 차이가 작용하지 않는다.

접근성만 보장된다면 게임 공간에서 장애인과 비장애인 사이에는 오로지 '실력의 차이'만 있을 뿐이다.

예쁜이 3형제의 부모님은 이 중요한 사실을 우리 모두에게 생생하게 보여 주었다. 게임 접근성 가이드 라인 개발의 실무를 맡았던 한국콘텐츠진흥원 측 관계자는 이날의 이벤트가 '지금껏 한 일 중에 가장 보람 있었던 일'이라고 회고했다.

부산 국회의원이
제주 학부모를 만난 사연
IB 교육의 중요성

"단순 주입식 교육의 대안은 없을까?"

"어떻게 하면 시험 문제 잘 푸는 교육이 아니라 창의력과 상상력이 풍부해지는 교육을 만들 수 있을까?"

21대 총선 당시 교육 공약을 연구하다가 나 스스로 이런 질문을 하게 되었다. 이런 고민 끝에 대안으로 찾아낸 것이 국제 바칼로레아(International Baccalaureate, 이하 IB)였다.

"그래. 바로 이거다!"

학문에는 표준이라는 것이 있다. 미국에서 가르치는 수학과 한국에서 가르치는 수학이 다르지 않다. 그런데 왜 미국 대학 가는 시험과 한국 대학 가는 시험이 달라야 하나? 시험 하나만으로 국내 대학에도 가고, 세계적인 대학에도 가면 안 되나?

나는 제1호 공약으로 IB 교육을 도입하고 해운대를 글로벌 미래 교육 특구로 만들겠다고 발표했다.

IB 교육 공약을 제시한 총선 공보물

IB는 스위스에 본부를 둔 비영리 교육 재단 IBO에서 개발·운영하는 국제 인증 교육 프로그램이다. 시작은 국제기구 주재원의 자녀들을 위한 공통 표준 교육 과정을 만드는 것에서 출발했다. IB 교육의 특징은 개념 이해와 탐구 중심이다. 수업은 프로젝트형·토론형으로, 평가는 논술형·절대 평가로 이루어지며, 초등, 중등, 고등 교육 과정이 모두 있다. 미국, 영국, 호주, 일본

등 전 세계 3천여 개 대학교에서 신입생 선발 시험 중 하나로 채택되고 있을 만큼 선진국에서는 일반적인 교육 및 평가 방식으로 인정받는다.

IB의 한국화

총선이 끝난 직후, 21대 국회가 문을 열기도 전에 이 공약을 달성하기 위한 준비에 착수했다. 첫 번째 시도가 이혜정 교육과 혁신연구소장을 모시고 IB에 대한 강의를 듣는 것이었다. IB 전도사로 알려진 이 소장은 〈서울대에서 누가 A+를 받는가?〉라는 도발적인 질문을 던지면서 우리나라 교육의 문제점을 날카롭게 지적한 분이다. "서울대 학부생들은 리포트를 쓸 때 자기 생각을 포기하고 교수의 관점에 충실할수록 높은 학점을 받습니다. 제가 그 연구를 하다가 이 일에 뛰어들게 됐습니다."

'집어넣는' 주입식 교육 대신 '꺼내는' 창의적 교육으로 바꿔야 한다는 이 소장은 '한국어 IB'가 착실하게 준비되고 있다는 반가운 소식을 전해 주었다. (그동안 IB의 공식 언어는 영어, 스페인어, 프랑스어 3개 국어였는데, 이후 일본어와 한국어 버전이 만들어진 것) '한국어 IB 교육 과정'은 IB 교육을 국내 공교육에 안착시킬 수 있는 아주 중요한 전환점이다.

IB 한국어 인증을 위해선 한국인 교사 양성도 필요하고 최종

이수 시험을 채점할 한국 채점관도 필요하다. IB 한국어화 협상은 제주 교육청과 대구 교육청이 함께 추진, 2019년 7월 IB 국제 본부와 한국어화 협력 각서에 서명함으로써 본격화되었다. 그 후 약 2년의 기간을 거쳐 2021년부터 IB 인증 학교가 탄생하기 시작했고 대학에도 IB 교원 양성 프로그램이 개설되기 시작했다. 2023년 11월 첫 한국어 IB 외부 시험이 예정되어 있다. 이로써 우리 공교육에 IB를 들여오는 움직임은 큰 탄력을 받게 되었다.[62]

왜 부산은 안 하지?

IB는 제주와 대구를 시작으로 경기, 서울로 확산되고 있었다. 하지만 부산은 유독 별 관심이 없어 보였다. '왜 부산은 안 하나?' 하는 생각이 들었다. 나의 지역구인 해운대에 하루라도 빨리 IB 교육 시스템을 도입하려면, 우선 부산 교육청이 정책적으로 IB를 추진해 줘야 했다. 그래서 하윤수 부산시 교육감을 찾아가 설득했다. 해운대에서 선거 운동을 할 때 학부모들이 IB에 큰 관심을 보인 사실도 자세하게 전달했다.

하윤수 교육감도 나의 의견에 흔쾌히 동의해 주었다. 결국 해운대구에서 IB 시범 학교 2곳이 탄생했고, 교육 국제화 특구 지

---

62 2023년 4월, 교과서출판전문기업 미래엔은 IB 인증 도서 3종을 한국어로 번역해 출간했다.

정도 성사시켰다. 이렇게 1호 공약은 차근차근 실현되고 있었다.

국회에서 'IB 공교육 도입, 의의와 과제 토론회'도 열었다. 국회의원이 개최한 최초의 IB 토론회였다.

대구, 경기, 부산, 제주 등지에서 다수의 교육 관계자들이 참석했다. 한국어 IB가 들어오면서 IB 교육을 맛본 교사, 학생, 학부모들의 뜨거운 관심이 고스란히 느껴졌다.

토론회는 IB의 2단계 도약을 위한 과제도 남겼다. 대입을 위한 평가에 IB 성적을 쓸 수 있는 교육 환경, 이 문제를 풀어야 했다.

부산 국회의원이 제주도 학부모를 만난 이유

그러던 중 제주도에서 작은 사건이 발생했다. 2022년 교육감 선거에서 새 교육감이 선출되었는데, 이 분은 전임 교육감이 도입한 IB에 대해 부정적 의견을 내놨다. 새 교육감은 IB 교육이 학생과 학부모에게 피해를 주고 있다며 제주도가 적극 도입하고 있던 IB 정책을 중단시킬 듯한 움직임을 보였다. 국내 대학 입시에 IB를 활용할 수 없기 때문에 오히려 학생들에게 피해를 준다는 논리였다. 위기감을 느낀 제주도의 학부모들이 이 상황을 나에게 알려왔다.

나 역시 뭔가 잘못되고 있다는 느낌이 들었다. IB가 학생과 학부모에게 피해를 준다는 건 성급한 판단이라고 생각했다. 제주에서 IB 교육이 실행된 이후 학생과 학부모 사이에서는 긍정 여론이 확산되고 있었다. 심지어 제주 표선면에서는 IB 교육을 도입한 표선초, 표선중, 표선고로 전학하려고 이사 오는 학부모와 학생들로 인구가 늘었다. 지역 소멸 극복 사례로 거론될 정도였다.[63]

만약 제주에서 IB 교육이 멈추면, 겨우 형성되고 있던 전국적인 IB 확산 분위기에도 좋지 않은 영향을 끼칠 수 있었다. 현직 교육감을 설득해야겠다는 생각이 들었다. 그냥 1대1 대화로 설득하기보다는 학부모, 교육감, 국회의원 등이 한자리에 모인 토론회를 개최해서 진지하게 머리를 맞대는 방식이 좋을 것 같았다.

2023년 6월, 의원실 주도로 제주도에서 'IB의 대학 입시 연계 방안 모색 토론회'를 개최했다. 보통 국회의원이 주최하는 토론회는 국회에서 열린다. 그런데 부산 해운대에 지역구를 둔 국회의원이 자기 지역구도 아닌 바다 건너 제주에서 토론회를 여는 이례적인 사건이 벌어진 것이다. 토론회에서는 제주도 학부모님들이 걱정과 우려를 쏟아냈다.

"교육감이 바뀌면서 IB 교육이 중단될 것이라는 우려가 팽배합니다. IB 평가가 대학 입시에 반영되지 않는 것도 걱정입니다."

---

[63] 표선면 인구는 2019년부터 2022년 사이에 242명이 늘었는데 이 가운데 상당수는 IB 교육을 받기 위해 육지에서 온 학생으로 추정된다. 표선초등학교 재학생은 IB를 도입한 2020년 238명에서 2022년 335명으로 97명이나 늘었다.

일단 학부모님들의 근심을 덜어 줘야겠다는 생각이 들었다.

"IB 성적을 국내 대학 입시에 반영할 수 있도록 국회에서 법안을 발의하겠습니다. 국회에서 주도적으로 뛸 테니 하태경을 믿어주시고 신임 교육감께서는 IB 교육에 대한 부정적 입장을 거두어 주시길 부탁드립니다."

제주 교육감은 기존의 부정적 태도로부터 한 걸음 뒤로 물러서면서 학부모님들의 걱정을 덜어 주었다.

"IB 확대는 하지 않겠지만 기존 학교의 IB 과정을 폐지하지 않겠습니다. 제가 IB를 싫어한다는 오해가 있는데 저는 IB 좋아합니다."

IB를 대입에 반영하라!

제주도에서 일단 발등의 불을 끄기는 했지만, 근본적인 문제를 해결해야 했다. 현행 입시에는 IB 성적이 반영되지 않고 있었기 때문에 자녀를 IB 학교에 보낸 학부모님들의 걱정은 끊이지 않고 있었다. IB 때문에 학생들이 피해를 볼 수 있다는 제주 교육감의 지적도 일리가 있었다.

IB 과정은 수능 준비와 거리가 멀다. 그렇기 때문에 IB 교육을 받으면서 수능 준비를 병행하는 건 사실상 불가능했다.

수능 준비를 따로 하지 않더라도 IB 교육 과정과 이수 성적을 수시 전형에 반영할 수 있다면 이 문제를 해결할 수 있다. 나는 IB를 대입 제도에 반영할 수 있도록 하는 고등교육법 개정안을 대표 발의했다. 구체적 내용은 이렇다. 대학이 고등학교 생활 기록부, 수능, 논술·면접 등 대학별 시험 외에도 IB 이수 성적을 입학 전형 자료로 활용할 수 있도록 하는 내용이다.

IB 성적을 반영하지 못하는 현재의 대입 제도는 현실과도 맞지 않았다. 이미 IB는 한국 공교육 시스템 내에서 활발하게 운영 중이기 때문이다. 교육부에 따르면, 현재 제주·경기·대구·부산·서울 등 8개 광역시도 225개 초·중·고에서 IB를 시행 중이거나, 도입을 준비하고 있다. 이런 상황에서 정작 대입에 IB 성적이 반영되지 않으면 입시 형평성 문제가 생긴다.

내가 대표 발의한 고등교육법 개정안에는 대학 입시 중 최소한 수시 전형에라도 IB 성적이 반영될 수 있도록 해서 IB 이수 성적 만으로도 원하는 국내 대학에 갈 수 있는 여건을 마련해주는 내용이 담겨 있다.

300명 중에 하태경만

사실 300명에 달하는 국회의원 중에 IB 교육에 대해 적극적으로 움직이는 동료 의원은 별로 보지 못한 것 같다. 이 때문에 나 역시 IB 도입의 응원군을 국회 밖에서 주로 찾았다.

전교조 출신인 충남 교육감은 내가 발의한 IB 입시 반영법에 대해 공개적으로 찬성 입장을 밝혀주었다. 나는 생면부지의 충남 교육감에게 연락해서 감사 인사를 드리고, IB의 확산을 위해 함께 노력하자고 했다.

이주호 교육부 장관, 장제국 대교협(한국대학교육협의회)회장, 오세정 전 서울대 총장과도 IB 교육 도입을 적극 추진하기로 의

기투합했다. 교육부와 대교협 그리고 서울대는 한국 교육 시스템을 구성하는 중요한 기둥이다. 교육부는 교육 정책을 총괄하는 곳이고, 대교협은 대학 신입생 입학시험의 룰을 만드는 곳이다. 서울대는 국내 대학의 바로미터 역할을 한다. 이런 세 기관의 전현직 대표자와 IB 교육 국내 활성화를 위해서 의기투합 했다는 사실은 그 자체로 의미가 깊었다. 아울러 내게 큰 영감을 준 IB 전도사 이혜정 소장도 든든한 우군이다.

소속 상임위가 교육위도 아니면서 나는 왜 그토록 IB에 미쳤던 것일까? 마치 300명 국회의원 중에 나만 미친 것처럼 왜? 부산 교육감을 만나 IB 도입을 주장하고, 제주 교육감을 만나 설득하고, 교육부 장관과 서울대 총장과 대교협 회장을 만나 의기투합했던 것일까?

한국의 경제 발전은 절대적으로 '교육의 힘' 덕분이라는 인식 때문이었다. 미국의 버락 오바마 전 대통령도 한국의 교육 제도를 부러워했다고 한다. 그러나 정작 한국인인 내가 느끼는 우리 교육의 문제는 심각하다. 무엇보다 4차 산업 혁명과 글로벌 환경 변화에 맞춰 미래 인재를 키워야 하는데 현재의 낡은 교육 시스템은 이러한 전략을 따라잡지 못하고 있다.

우리나라가 선진국을 추격하는 팔로어 입장에 있을 때는 암기식 교육, 주입식 교육이 효과를 발휘할 수 있었지만, 리더 국가의 반열에 오른 시점에서는 창의성 가득한 인재에서 국가적 성장 동력을 찾아야 한다.

더군다나 지금은 챗GPT가 일상화되고, 암기력보다는 창의력이 요구되는 시대다. 단순 주입식 교육은 수명을 다했다. 당연히 변화된 상황에 맞춰 새로운 국가 전략을 짜야 한다. 입시 제도를 비롯해 교육 제도 전반의 혁신을 추진하고 21세기 지식 기반 사회에 필요한 인재를 키워야 한다. 아이들이 스스로의 가능성을 일깨울 수 있고, 국가의 미래를 열어갈 수 있는 대안의 교육을 위해 IB를 진지하게 검토해 보아야 한다. 창의적 인재를 키우기 위한 교육 혁신은 하루라도 빨리 시작하는 것이 좋다.

실수와 오해로
돌아가는 국회

촛불에 타 죽고 싶습니까?
총리 삿대질 사건

최순실 국정농단 사태로 촛불시위가 전국적으로 번지던 2016년 12월. 사건의 전모와 진실을 밝혀야 한다는 국민적 열망이 뜨거워지고 있었다. 심지어는 김성태 의원이 여당인 새누리당 소속임에도 불구하고 〈최순실 국정조사 특위〉 위원장을 맡았고 나도 특위 위원으로 활동했다. 그렇게 박근혜 대통령 탄핵안이 국회를 통과하고, 황교안 총리가 '대통령 권한 대행'을 맡고 있을 때였다.

이때 이른바 '문고리 권력'으로 지칭되던 일부 행정관들의 국회 청문회 출석이 큰 문제로 떠올랐다. 국정 농단 사태의 진상을 규명하기 위해 두 행정관을 청문회에 불렀는데 이들은 국회 출석을 거부했다. 이에 따라 일각에서는 '진실 규명을 방해하는 세력이 있다'며 배후를 밝히라는 요구가 거세게 일어났다.

이런 상황에서 국회 대정부 질문이 열렸는데 이 자리에서 나와 황교안 총리가 설전을 벌이는 일이 발생했다. 질의 과정에서 감정이 격해진 나머지 나는 황교안 대행과 수 초간 눈싸움을 하며 감정싸움을 벌이기도 했다.

사건은 내가 청와대 행정관 두 사람이 국회 청문회 출석을 거부한 이유를 황교안 대행에게 질문하면서 시작됐다. 내가 "두 사람의 불출석에는 배후세력이 있다. 이 자리에서 두 사람에 대한 조사를 약속해 달라!"고 요청하자, 황교안 대행은 "지금 그런 말을 제가 여기서 할 수 없다."라고 대응했다.

내가 "조사를 하겠다는 겁니까? 하지 않겠다는 겁니까?"라며 다시 추궁했지만, 황교안 대행은 '내용을 알아보겠다.'는 알맹이 없는 답변만을 반복했다.

그 다음이 문제였다. 무의미한 답변이 반복되자, 뭔가 강한 메시지를 던진다는 것이 결국 무리수를 낳고 말았다.

"이 자리에서 황교안 대행이 명백하게 답변하지 않으면 또 다시 최순실에게 부역한다는 비난을 받을 수도 있습니다. 촛불에 타 죽고 싶습니까!"

그러자 황 권한 대행은 "함부로 말씀하지 마세요. 부역이라니요! 말씀하실 때 삿대질하지 마십시오."라고 했다.

그 순간 나는 속으로 '왜 황교안 대행이 나더러 삿대질을 하지 말라고 하는지?' 의아한 생각이 들었다. 나중에 사진을 보고서야 이 때 나의 손동작이 약간 이상했다는 점을 알았다.

보통 연설하면서 손으로 제스처를 취하는 경우가 많은데, 그 손 모양에 약간 문제가 있었다. 손가락으로 상대를 가리킨 것은 아니고 손바닥을 펴고 있었지만, 손이 뻗어나간 각도가 너무 앞을 향해 있었던 것이다. 그 때문에 황 대행이 삿대질로 오인을 했다.

더 큰 문제는 '촛불에 타 죽고 싶습니까?' 라는 발언이었다. 나중에 들은 얘기로는 우리 의원실 보좌관이 TV로 이 장면을 보다가 얼음이 됐다고 한다. "죽고 싶습니까?"라는 말이 귀에 확 꽂혔기 때문이었다.

우리 보좌관만 그런 게 아니었다. 그 상황을 TV로 보고 있던 대부분의 사람들에게는 "촛불에 타 죽고 싶습니까?"만 귀에 쏙 들어올 정도로 이 멘트는 자극적이었다.

원래 질문의 의도는 "촛불의 민심을 정확하게 아십시오."라는 뜻이었지만 총리와 일문일답을 하던 중에 감정이 격해진 나머지 나도 모르게 너무 강한 표현이 입 밖으로 튀어나온 것이었다. 게다가 손동작까지 좀 이상했다.

결과적으로는 내가 대통령 권한 대행한테 '죽고 싶냐?' 라며 삿대질한 꼴이 되고 말았다.

이 한마디의 후과는 실로 엄청났다. 그 당시 의원실로 하루에만 수백 통의 항의 전화가 걸려왔다. 의원실 보좌진이 하루 동안 아예 다른 전화를 못 받을 정도로 벨소리가 계속 울려댔다. 견디다 못한 보좌진이 다른 전화를 다 꺼놓고 한 대의 전화만 켜 두었는데, 그 한 대는 하루 종일 의원실 안에서 홀로 쉬지 않고 벨소리가 울려대는 진풍경이 벌어졌다. 다음날도 마찬가지였다. 언제부터 울리기 시작했는지 알 수 없는 전화벨이 출근 전부터 퇴근할 때까지 계속 울렸다.

비슷한 상황이 거의 일주일 가까이 계속되었다. 당시는 탄핵 정국이다 보니, 박근혜 대통령 지지자들의 분노가 극에 달한 상태였다. 나는 대한민국을 지켜야 한다는 열정 우파의 가슴에 불을 지른 후과를 처절하게 겪어야 했다.

하지만, 사실 황교안 대행에 대해 내가 나쁜 감정이 있던 것은 아니었다. 우리는 함께 손잡고 통진당 해산을 추진했던 동지이기도 했다. 삿대질을 할 생각은 더더욱 없었다. 보좌관은 대정부 질문이 끝난 직후 기자들에게 일일이 전화를 걸어 나의 손동작이 절대 삿대질이 아니라고 해명을 했다.

"그게 손가락이 아니라 손바닥이거든요..."

ⓒ뉴시스

경계를 넘어, 다시 친구가 되다
임수경 막말 사건의 전모

2012년 6월, 초선 의원으로서 국회에 막 들어왔을 무렵의 일이다. 난데없는 임수경 의원 막말 논란에 나까지 휩싸이는 상황이 빚어졌다.

문제는 한 술자리에서 비롯되었다. 〈탈북청년연대〉의 사무국장으로 있던 백 모 씨가 종로의 한 식당에서 지인들과 식사를 하던 중 우연히 같은 식당에 있던 임수경 의원을 발견했다. 탈북자 출신인 백 씨는 어릴 적 북한에서 '통일의 꽃'으로 알았던 임수경 씨를 가까이서 보게 되자 용기를 내어 다가갔다. 그리고는 사진 찍기를 요청해 두 사람은 다정스레 사진 3~4컷을 찍었다.

하지만 잠시 후, 의원 보좌관의 요청을 받은 웨이터가 찾아와 "잘못된 사진만 삭제하겠다."라며 백 씨의 핸드폰을 건네받아 사진을 모두 지웠다.

그 때문에 갑자기 기분이 상한 백 씨가 보좌관에게 '타인의 핸드폰을 일방적으로 삭제하는 것은 엄연한 프라이버시 침해'라고 불만을 토로했다. 이를 본 임수경 의원은 "나에게 사소한 피해가 갈까 봐 신경 쓴 것이라 이해해 달라."라고 웃으며 양해를 구했다.

그러자 백 씨가 농담으로 "알겠습니다. 이럴 때 북한에서는 어떻게 하는지 아시죠? 바로 총살입니다. 어디 수령님이 명하지 않은 것을 마음대로 합니까?"라고 했다.

백 씨는 농담으로 한 말이지만, 술을 한 잔 하고 있던 임수경 의원의 귀에는 아마도 '총살'이라는 단어가 크게 거슬린 듯했다. 이때부터 감정이 폭발한 임수경 의원의 막말이 시작되었다.

"야, 너 아무것도 모르면서 까불지 마라." "대한민국은 민주 공화국이야 알아? 어디 근본도 없는 탈북자 새끼들이 굴러 와서 대한민국 국회의원한테 개겨?"라며 폭언을 퍼부었다.

문제는 그 다음이었다. 일단 폭발하기 시작한 임수경 의원은 그 자리와는 전혀 상관없는 나까지 끌어들여 문제의 발언을 계속했다.

"야! 너 그 하태경하고 북한 인권인지 뭔지 하는 이상한 짓 하고 있다지? 아~ 하태경 그 변절자XX 내 손으로 죽여버릴 거야. 하태경 그 XXX, 진짜 변절자 XX야..." 등의 폭언을 퍼부었다. 그렇게 잠시 동안 서로 언성을 높이면서 말다툼이 오고 갔다.

이 사건은 백 씨가 며칠 뒤 그날 있었던 일을 자신의 SNS에 올리면서 '임수경 막말 사건'으로 언론에 대서특필되기 시작했다.

68년생 동갑내기, 통일 운동의 동지, 그리고 19대 동료 국회의원

사건이 기사화되고 큰 이슈로 떠오르자 임수경 의원으로부터 사과 전화가 왔다. "하태경을 지칭해 '변절자××'라고 말한 것의 본뜻은 그게 아니다."라는 사과성 해명 전화였다.

나는 "술김에 한 이야기니 나는 괜찮다. 하지만 탈북자들에 대해서는 꼭 공개 해명과 사과를 해 달라!"는 당부를 했다. 그리고 한 가지 충고를 덧붙였다. "술을 끊으시라."고.

이후 핸드폰으로 기자들의 전화가 폭주했지만 "임수경 의원의 발언은 술김에 한 실언이기 때문에 공식 대응하지 않겠다."라고 대답했다.

사실 나는 임수경 의원과 민주화 투쟁 시절부터 친구 사이였다. 우리는 나이도 68년생 동갑내기였고, 90년대 중반까지 민주, 통일 운동을 함께 했던 동지였다. 그리고 공교롭게도 2012년 같은 시기에 (당은 달랐지만) 똑같이 국회의원이 되었다.

물론 90년대 중반 이후 내가 북한 인권 운동에 매진한 뒤로는 별다른 교류가 없었지만, 내 기억 속의 임수경은 종북 이념에 매몰된 낡은 운동권이 아니라 인간의 아픔을 순수하게 느낄 줄 아는 사람이었다.

'변절'이라는 비난에 대해서도 나는 나 자신에게 전혀 부끄럽지 않았기 때문에 마음의 상처가 되지 않았다. 나는 청년 시절, 민주화 운동과 인권 운동에 참여했고, 90년대 중반 이후 북한의 독재와 반인권 참상을 목격한 뒤에는 북한 인권 운동에 헌신했다. 대한민국의 민주화 이후, 북한의 민주화와 인권에 꾸준히 관심을 갖고 실천하는 것이 진정으로 일관된 삶이라고 생각했기 때문이었다. 나는 오히려 지금까지 북한의 3대 세습과 인권 참상에 침묵으로 일관하는 국내 종북 세력이야말로 역사와 조국을 배신한 변절자들이라고 생각한다.

해명이 화를 부르다

당시는 19대 국회가 막 시작한 때였고, 초선 의원들에 대한 언론과 국민의 관심이 집중되고 있을 때였다. 이 때문에 임수경 막말 사태는 쉽게 가라앉지 않았다.

더군다나 임수경 의원의 안일한 해명이 오히려 사태를 더 깊은 수렁으로 몰고 갔다. 임 의원은 자신의 막말 논란에 대해 트위터에 이런 해명 글을 올렸다.

 "신입 보좌관 면접 자리에서 보좌관에게 '총살 운운'한 학생을 꾸짖은 것이 전체 탈북자 문제로 비화되었군요. 하태경 의원과는 방식이 다를 뿐 탈북 주민들이 안전하고 안정적으로 대한민국에 정착하도록 노력하는 측면에서는 관심사가 같습니다. 정책으로 일하게 해 주세요."

 이런 사건의 경우, 자세한 상황이 전달되기보다는 자극적인 몇 마디 말이 사람들의 뇌리에 깊이 박히기 마련이다. 대중은 특히 "탈북자 XX들아 대한민국 왔으면 입 닥치고 조용히 살어!" "감히 대한민국 국회의원에게 개겨?"라는 대목에서 분노와 충격을 느꼈다.
 사람들은 임수경 의원의 발언을 '취중 실언'으로 이해하기보다는 한때 민주화 운동을 했던 사람의 '천박한 권위주의'로 받아들였고, 너도 나도 비판을 쏟아냈다.
 그런 상황에서 본의 아니게 사건에 휘말린 나 역시 임수경 의원과 사이가 소원해질 수밖에 없었다. 더군다나 우리는 서로 다른 정당 소속이었고 정치적 입장 차이도 컸다. 같은 의원 회관에 있었지만 이래저래 껄끄러운 관계가 되고 말았다. 나와 임수경 의원 사이에는 건널 수 없는 거대한 강이 생기고 말았다.

북한 인권 영화제, 정치적 경계를 넘다

하지만, 내 입장에서는 드라마틱한 관계 회복의 계기가 있었다. 그것은 〈북한 인권 영화제〉였다.

시민 단체인 북한민주화네트워크가 주최하는 〈북한 인권 영화제〉에 민주당 인사들이 참석한 적은 없었다. 주로 북한 민주화 운동에 적극적인 인사들 중심으로 개최되는 이 영화제에 민주당 소속의 국회의원이 참석한 것은 그 자체로 큰 '사건'이었다. 더군다나, 이날 임수경 의원의 참석은 주최 측의 초청이 아니라 '참석하고 싶다'는 임 의원 자신의 적극적 의지에 의한 것이었다.

나는 그날 다른 스케줄이 있었지만, 임수경 의원이 온다는 소식을 듣고는 만사 제쳐놓고 달려갔다. 그리고 영화제 인사말을 통해 이렇게 말했다.

"우리는 과거에 동지였는데 한동안 심하게 싸우기도 했습니다. 오늘 화해가 될 것 같습니다."

좌중에서 웃음이 터졌다. 언론에서는 이를 두고 '하태경 임수경, 절친인가 앙숙인가?' 라는 제목으로 기사를 뽑기도 했다. 영화제를 주도한 한기홍 집행 위원장도 임수경 의원의 방문을 진심으로 반갑게 여겼다.

"임수경 의원은 1989년 평양 청년 학생 축전 참가로 남한에도 충격을 줬지만, 북한 청년들에게 준 충격도 컸습니다. 당시 찢어진 청바지를 입고 자유분방하게 활보하는 모습을 본 북한 대학생들이 그 옷차림을 따라 해서, 북한 당국이 자유주의 바람을 차단하느라 골머리를 앓았습니다. 임 의원이 북한 인권에 관심을 가져준다면 다시금 북한과 북한 주민들에게 큰 충격을 미칠 것입니다. 임수경 의원은 결코 종북주의자가 아닙니다."

임수경 의원은 나중에 SNS를 통해 북한 인권 국제 영화제 개막식에 참석했음을 공개적으로 밝히면서 이런 글을 남겼다.

"어떠한 경우에도 인간이 인간을 핍박하고 억압해서는 안 됩니다. 인간답게 살 수 있는 권리는 그 누구에게도 침해당해서는 안 됩니다. 북한 주민의 인권은 여야를 떠나서 모두가 함께 관심을 가지고, 국제 사회와 함께 구조적 해결을 모색해야 할 문제입니다"

태경아! 초청장 보내줘~

무엇보다 큰 사건은 '북한 인권법'에 임수경 의원이 찬성표를 던진 것이었다. 19대 국회 마지막 해인 2016년 3월, 북한 인권법이 통과되는 순간 불참하거나 기권을 택한 민주당 의원들도 있었지만 임수경 의원은 과감히 찬성표를 던졌고, 자기 소신을 표현하는 데 주저함이 없었다.

그런 그의 모습에서 나는 임수경 의원이 학생 운동 시절 우리가 함께 했던 순수한 마음, 고통에 빠진 사람들을 생각하는 아름다운 마음으로 여전히 북한 인권 문제를 바라보고 있음을 느낄 수 있었다.

이후 우리는 오래된 친구로 돌아갔다. 종종 연락하며 앙숙이 아닌 절친으로 좋은 관계를 지키고 있다. 부산 매직올림픽 당시에는 임수경 의원이 전화해서 이렇게 말했다.

"태경아! 초청장 보내줄 거지?"

달려라 보드맨
하태경 의원실 보드맨은 슈퍼맨

우리 의원실에는 보드맨 혹은 판돌이라고 부르는 특수 보직이 있다. 우리가 종종 '판때기'라는 애칭으로 부르는 판넬 자료를 만드는 사람이다.

국회 기자 회견장에는 한 가지 무언의 규칙이 있다. '언론을 상대로 기자 회견을 할 때는 그냥 원고만 읽으면 안 되고, 뭔가 사진에 찍힐 그림이 있어야 한다.'는 것이다. 그래야 회견 내용의 전달도 쉬워지고, 시각적으로도 뭔가 신뢰감을 주는 데 유리하기 때문이다.

이 때문에 우리는 국회 기자 회견장에서 '회견'을 준비할 때마다 무슨 그림으로 판넬 자료를 만들 것인가를 고민한다. 보드판이 기자 회견의 필수품인 것이다.

바로 이때 국회 기자 회견장에서 발표하는 회견 자료의 설명용 보드판을 만들고, 그걸 옆에서 들고 서 있는 보좌진을 우리는 보드맨 혹은 판돌이라는 애칭으로 부른다.

판돌이는 힘들다

문제는 모든 이슈가 그렇게 말끔하게 정리되지 않는다는 점이다. 이 때문에 기자 회견에 돌입하기 직전, 마지막 순간까지도 보드판을 계속 수정하기도 한다.

보도 자료는 보통 밤늦은 시간이나 혹은 자정을 넘겨 완성되는 경우가 많다. 판넬은 일단 보도 자료가 완성되면 그에 맞도록 시각자료를 추가로 구상해서 만들기 때문에 그래픽 작업까지 하다 보면 새벽 2~3시를 훌쩍 넘기거나, 다음날로 넘어가 기자 회견

10분 전에 의원실 프린터로 출력해서 들고 뛰기도 한다.

더 큰 문제는 수정이다. 예를 들어 9시에 기자 회견이 예정되어 있는데 8시 59분까지도 수정을 하는 경우가 다반사다. 발표 1분 전까지 판때기를 계속 수정하는 이유는 마지막 순간까지 계속 기자들 입장에서 시뮬레이션 해 보고 '이건 문제가 될 것 같다.' 거나 '이게 더 정확한 표현 같다' 혹은 '이 표현이 더 쉽게 전달되겠다.' 하는 요소들을 끊임없이 생각하기 때문이다.

기자 회견장 현장에서 마지막 문구를 검토하다가 수정 사항이 발생 하면 그때부터 모두들 마음이 바빠진다. 의원실에서 한 사람이 정보를 받아 수정하고, 한 사람은 수정된 보도 자료를 기자들에게 뿌리기 위해 들고 뛰어간다. 그 다음에 보드맨이 판때기를 들고 의원 회관과 국회 본청 사이를 뛰어다녀야 한다.

막판 수정을 2~3번씩 하는 날도 있는데 이럴 때면, 특히 보드맨은 의원 회관과 국회 본청 사이를 미친 듯이 뛰어갔다가, 회관에서 수정한 판때기를 007작전 하듯이 신속하게 받아서 다시 또 뛰어오는 식으로 아침부터 수차례 셔틀 운동을 하기도 한다. 이런 왕복 훈련을 몇 번 치러내고 하루를 시작하는 보드맨은 아침부터 진이 다 빠진다. 우리 의원실은 이렇게 진을 빼놓고 하루를 시작하는 날이 종종 있다.

이것은 보좌관인가? 출력소인가?

하지만 우리 보좌진은 "보드 만들기로는 국회 최강"이라는 자부심이 있다. 의원실도 국회 최강 보드맨을 보유하고 있다는 자부심이 있다. 우리 보드맨은 특히 손재주 측면에서 가히 '전문 출력소' 수준 이상의 능력치를 보여준다.

국회의원실 프린터는 최대 A3 용지를 출력할 수 있다. 그런데 기자 회견장에서 기자들에게 시각 자료를 보여주려면 A3 사이즈로는 너무 작다.

그래서 우리는 두 배 크기인 A2 사이즈의 시각 자료를 만들기 위해 약간의 꾀를 쓴다. 최종 완성된 시각 자료를 2등분해서 A3 두 장으로 출력한 다음, 이를 다시 정교하게 이어 붙이는 일종의 '기술'을 발휘하는 것이다.

그런데 이렇게 하나의 그림을 둘로 쪼갰다가 다시 감쪽같이 하나로 붙이는 과정이 쉽지가 않다. 처음부터 재단 선을 넣어서 출력한 다음에 이를 칼로 예리하게 잘라야 하는데 중간에 글자라도 끼어 있으면 뭔가 삐뚤삐뚤해지고 안 맞는 느낌을 준다. 이 모든 사항들을 짧은 시간 안에 계산해야 하기 때문에 초보자는 섬세한 사항들을 칼같이 맞추기 어렵다. 작은 일 같지만, 알고 보면 고도의 '손 기술'이 필요한 일이다.

기자들이 보기에도 그렇게 깔끔한 시각 자료를 아침 일찍부터 폼 보드에 붙여서 들고 나오는 게 신기했는지 하루는 모 방송국 기자가 물어보기도 했다.

"도대체 그 판넬은 어느 출력소에 주문하시는 거예요?"

저 나비넥타이 매고 있는데요!

일 잘하는 사람에게 일이 몰린다는 속설이 있는데, 의원실 입장에서는 '판돌이'가 워낙 핵심 인력이다 보니 너무 앞뒤 안 가리고 판돌이를 호출하는 문제가 터지기도 했다.

특히 장 비서관이 손 기술이 좋아서 이 작업을 너무 잘했다. 가끔 의원실 인턴 중에 판돌이로 데뷔하는 사람들이 있었지만, 장 비서관의 실력을 따라잡기는 힘들어 보였다.

이 때문에 장 비서관은 휴가를 갔다가 여자친구에게 프러포즈를 한 다음 날에 다시 불려 나오기도 했다. 장 비서관이 하루는 가평으로 여자친구와 여행을 가서 프러포즈를 하고 오붓한 시간을 보내고 있었다. 프러포즈가 잘 끝나서 결혼 승낙을 받은 것까지는 좋았는데 한밤중 느닷없이 보좌관에게 전화가 왔다.

"큰일 터졌다. 미안하지만, 다시 복귀해."

결국 그는 다음 날 의원실로 불려나와서 터져버린 큰일한테도 프러포즈를 했다고 한다.

장 비서관은 결혼식 날에도 판돌이를 할 뻔했다. 하필이면 결혼식 날 중요한 기자 회견이 잡혔기 때문이었다.

기자 회견 당일, 나는 뭔가 다급한 마음에 쫓기고 있었는데, 순간 장 비서관의 결혼식 장소가 바로 '국회'라는 사실이 생각났다.[64] 그리곤 반가운 마음에 앞뒤 가리지 않고 장 비서관에게 전화를 걸었다. 그러자 전화기 너머로 전례 없이 침착한 목소리가 들려왔다.

"의원님, 저 지금 나비넥타이 매고 있는데요."

그 순간 머릿속으로 '아차!' 하는 생각이 들었다. 그렇지. 나비넥타이와 연미복을 착용하고서 판돌이를 할 순 없었다. 어떻게든 보드맨을 불러와서 다급한 일을 처리해야 한다는 강박 관념 때문이었을까? 결혼식을 앞둔 신랑을 불러다가 일을 시키려 했던 것은 지금 생각해도 어이없는 발상이었다.

그 사건이 있었던 날은 2017년 4월 22일. 내가 존경하는 장 비서관의 결혼식 날을 기억하는 이유다.

---

[64] 국회 직원들은 '직원복지' 차원에서 국회 경내 결혼식이 허용된다.

여의도 렉카

어느 출동형 국회의원의 의정 분투기

초판 1쇄 인쇄 2023년 11월 15일
초판 1쇄 발행 2023년 11월 20일

지 은 이 하태경과 크루들
펴 낸 곳 글통
발　　행 홍기표
디 자 인 이소영
인　　쇄 정우인쇄
출판등록 2011년4월4일(제319-2011-18호)
facebook.com/geultong
e메일 geultong@daum.net
팩 스 02-6003-0276

ISBN 979-11-85032-74-0

값 20,000원